차례

프롤로그	탄생! 시스템 어드민 걸	3
1화	다른 컴퓨터를 리모트로 조작하고 싶어(SSH)	11
2화	임시로 관리자 권한을 얻고 싶어(sudo)	17
3화	다양한 문자열을 한 번에 검색하고 싶어(grep)	23
4화	터미널에서도 대화형으로 파일을 편집하고 싶어(vim)	29
5화	vim에서도 복사 & 붙이기 & 되돌리기를 하고 싶어(yank)	37
6화	갑작스러운 네트워크 끊김에서 복귀하고 싶어(가상 터미널)	45
7화	다른 화면도 보면서 작업하고 싶어(화면 분할)	53
8화	최근 실행한 명령어를 호출하고 싶어(명령어 이력)	61
9화	오래전에 실행한 명령어를 호출하고 싶어(명령어 이력 검색)	69
10화	네트워크 건너서 파일을 복사하고 싶어(scp)	75
11화	시스템 과부하를 파악하고 싶어(top)	81
12화	시스템 메모리 부족을 파악하고 싶어(top 표시 전환)	89
13화	로그 파일에서 필요한 줄만 뽑고 싶어(파이프라인)	97
14화	작업 절차를 자동화하고 싶어(셸 스크립트)	105
15화	같은 문자열을 스크립트에서 재사용하고 싶어(셸 변수)	113
16화	작업 환경과 상태를 정해서 스크립트를 실행하고 싶어(환경 변수)	121
17화	로그 파일에서 필요한 줄만 뽑고 싶어(cut)	129
18화	같은 내용의 줄을 세어보고 싶어(sort와 uniq)	137
19화	CSV 파일을 열의 내용에 따라 정렬하고 싶어(sort와 리다이렉트)	145
20화	명령줄 지정으로 작업 내용을 바꾸고 싶어(명령줄 인수)	153
21화	조건에 따라 처리 흐름을 바꾸고 싶어(조건 분기)	161
22화	명령어 이상 종료에 대응하고 싶어(종료 상태)	169
23화	같은 처리를 반복해서 실행하고 싶어(for)	177
24화	공통 처리를 계속 재사용하고 싶어(셸 함수)	185
찾아보기		194

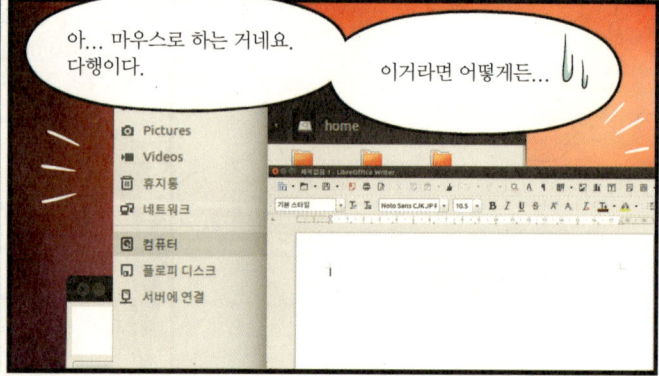

System Admin Girl★

여담 시큐어한 셸과 시큐어하지 않은 셸   System Admin Girl★

그런데 어째서 SSH는 "Secure SHell(안전한 셸)"인가요? 안전하지 않은 것도 있는 건가요?

좋은 질문이네. 실제로는 보통은 "rsh(Remote SHell)"라는 걸 쓴단다.

원격 셸... 아, 뭔가 리모트 조작 같은 이름!

응, 그런데 rsh는 암호를 입력하면 그걸 그대로 네트워크로 보낸단다. 그래서 네트워크를 감시하다 보면 여러 사람의 암호를 모을 수도 있고, rsh 경유로 보고 있는 파일 내용도 들여다볼 수 있어. 맘대로 다 되는 거지.

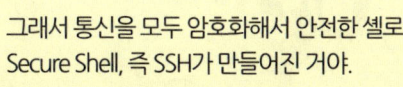

우와와와...!

그래서 통신을 모두 암호화해서 안전한 셸로 Secure Shell, 즉 SSH가 만들어진 거야.

그렇군요! SSH가 있는 시대에 태어나서 다행이에요...

여담 su로 root가 될 수 없는 환경에서 root가 되려면?　　　System Admin Girl★

선배!
우분투는 root로 로그인할 수 없다고 했는데 꼭 root로 로그인해야만 한다면 어떻게 해야 하나요?

음...
권장할 순 없지만 sudo -i 아니면 sudo su로 가능해.

```
mint@server:~$ sudo -i
[sudo] password for mint:
root@server:~#
```

와와, 진짜다!

하지만 이 상태는 Nautilus를 관리자 권한으로 실행한 것과 마찬가지로 뭐든지 관리자 권한으로 실행하는 게 되니까 조그만 실수도 치명적이야.

괜찮아요, 괜찮아요.

...아아아아!
중요한 파일을 지워버렸다!!

봐, 내가 그랬잖아...

민트 초기 설정

← 흑색 스타킹

눈초리가 올라간 눈매 + 밖으로 뻗친 단발이었는데 나중에 갈수록 뒷머리가 길어졌으므로 반대로 첫 화를 수정했습니다.

왼쪽에서 오른쪽으로 읽는 칸 나누기에 신입이 질문 → 선배가 답하는 스타일을 고려해서 오른쪽에서 얼굴이 잘 보이는 비대칭 헤어 스타일로 정했는데 결국 왼쪽도 잔뜩 그리게 되는 처지가 되었습니다...

이름 유래는 Linux Mint에서. 이 책에서 사용하는 건 우분투지만요.

3화
다양한 문자열을 한 번에 검색하고 싶어(grep)

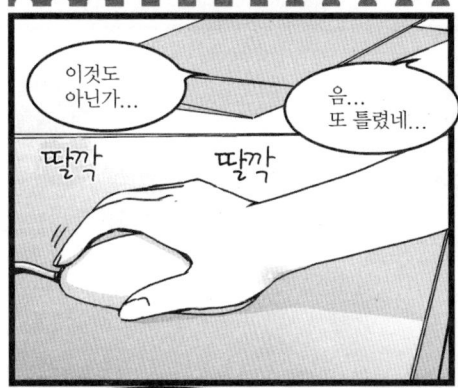

여담 grep으로 대문자 소문자 차이를 무시하고 검색하기 **System Admin Girl★**

"YaMeNo TaRou"도 검색해야 한데요. 우우, 패턴 지정이 점점 길어져요.

그럴 땐 -i 옵션을 사용하면 돼. -i는 ignore case 약어로 알파벳 대문자 소문자 차이를 무시하고 검색하는 옵션이야. 이런 식이지.

▷ 파일 내용을 대문자 소문자 차이를 무시하고 검색

```
grep -r -i "yameno tarou" 디렉터리 경로
```

▷ 파일 내용을 대문자 소문자 차이를 무시하고 정규 표현식으로 검색

```
grep -r -i -E "((야메노) *(타로)|yameno +tarou)" 디렉터리 경로
```

오오! 그런 방법도 있군요!

27

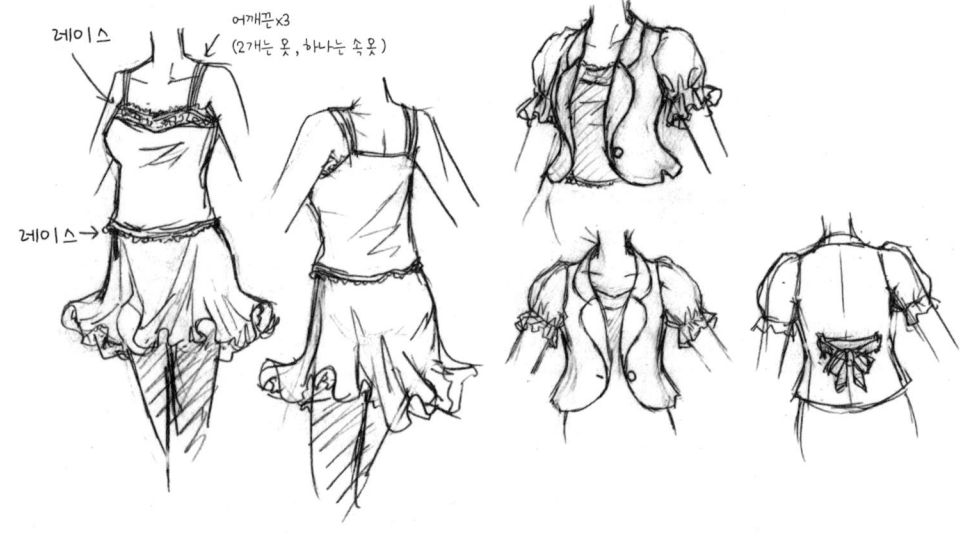

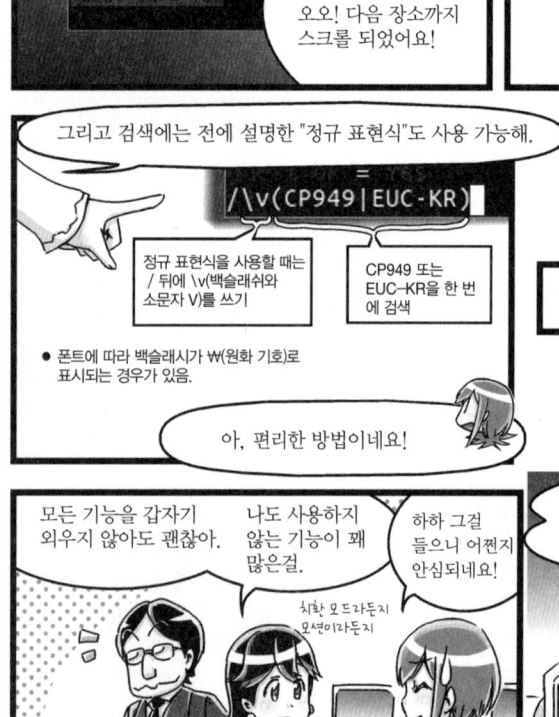

여담 vim 명령어 모음   System Admin Girl★

아앙, vi 무서워요...

이런 이런 다시 악화되어 버렸네...
그렇게 될 때까지 타니마치 씨는 어떻게 가르친 거니?

뭔가 명령어만 잔뜩 써둔 걸 받았어요. 이걸 전부 외우라고...

저런 그거 혹시 치트 시트 아니었니?
치트 시트라고 컨닝 페이퍼 같은 거란다. 암기하지 않아도
곤란할 때 꺼내서 쓱 보고 사용하면 돼.
http://vim.rtorr.com/lang/ko/ 라든지 많단다.

하지만 몇 미터나 되는 대장경 같은 걸 어떻게 찾아봐요!

타니마치 씨... 너무 심했는걸...

민트 구두, 손목시계 초기설정

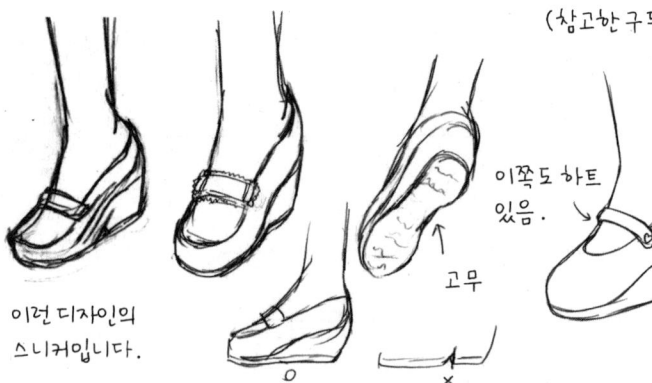

도중에 조금 디자인이 변했습니다.
(참고한 구두에 가까운 형태)

이쪽도 하트 있음.

고무

이런 디자인의 스니커입니다.

본편에서는 이런 느낌의
데포르메한 디자인이 되었습니다.

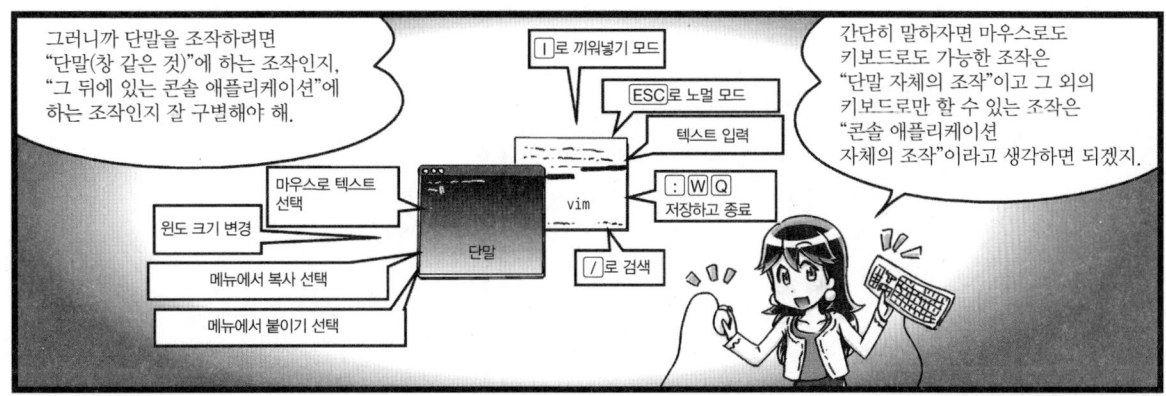

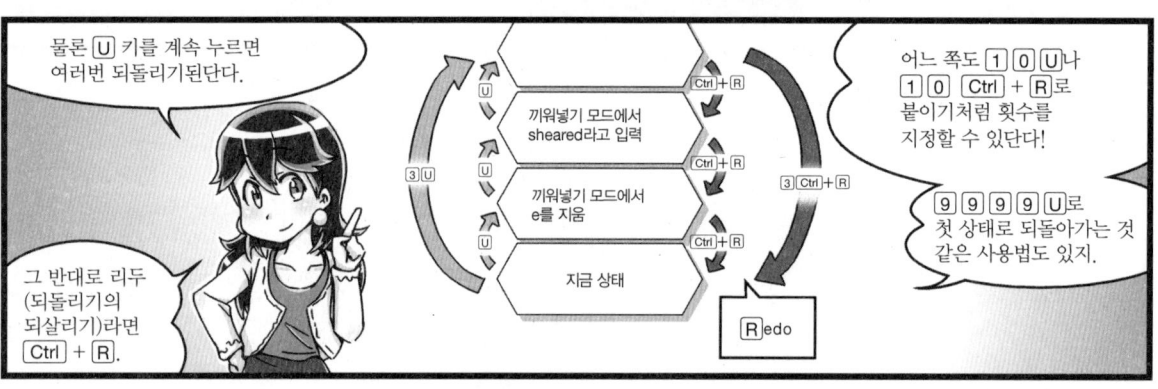

여담 양크와 양키   System Admin Girl★

양크는 처음 들어보는데 양키와 어떤 관계가 있는 건가요?

발음이 비슷해도 서로 관계는 없단다.
양크(yank)는 끌어당기다라는 의미의 동사로 집게로 이를 뽑는 것 같은 상황에서 쓰는 단어야.

으아악, 아프겠다!

양키(yankee)는 원래 아메리카 북동부에 살던 백인의 속어란다.
메이저리그에도 뉴욕 양키스라는 팀이 있지?

아, 그러고 보니!

이쪽 어원은 여러 설이 있지만 아메리카 초기에 북부 아메리카에 이주한 네덜란드계 이주민을 "얀 키스(Jan Kees)"라고 부른 데서 유래했다고 하지.

우와, 언어 뒤에는 역사가 있군요!

오노 선배 초기 설정

캐릭터 원형은 2006~2007년 OpenOffice.org 설명 연재기사의 "오노"씨.

오노 오코   이름 유래는 OpenOffice.org 약칭에서. OOo니까 "OO코"라고.

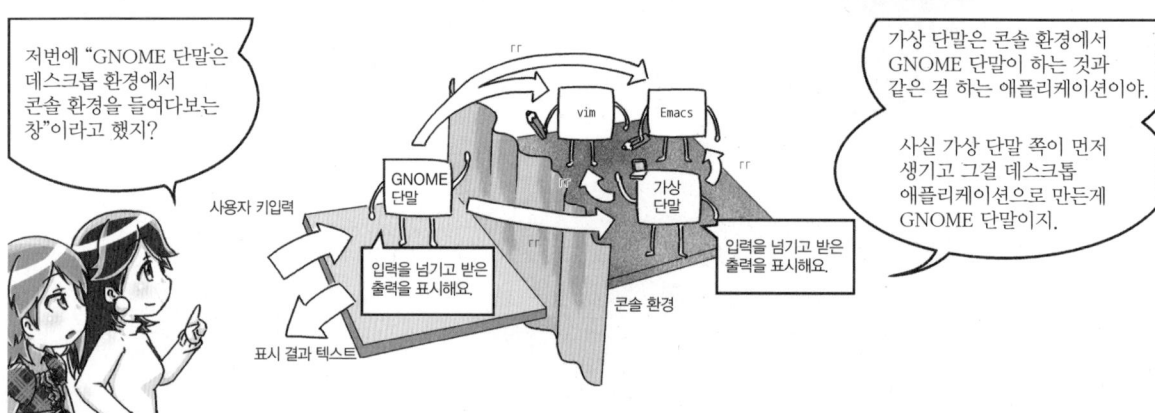

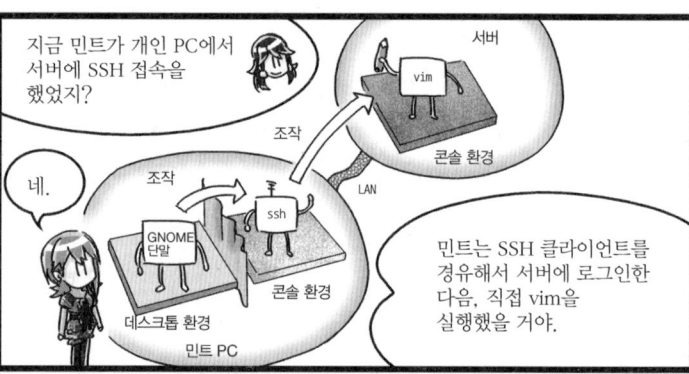

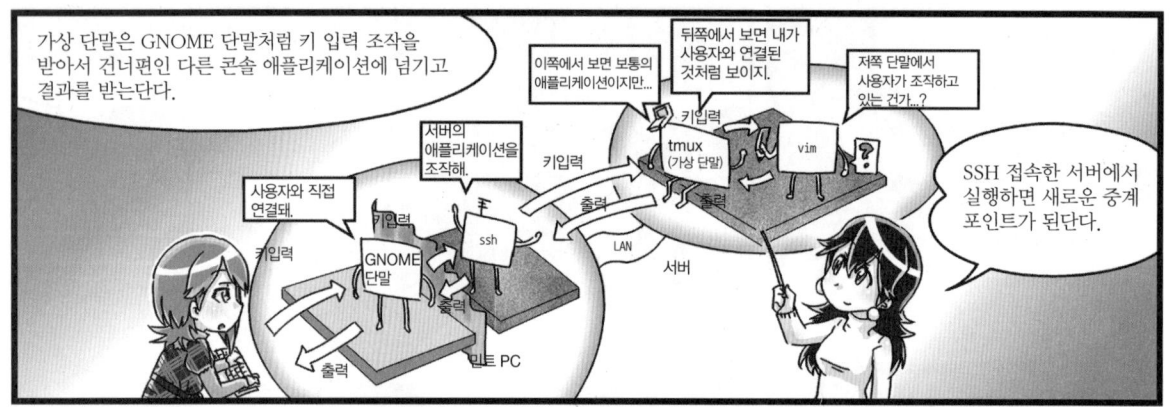

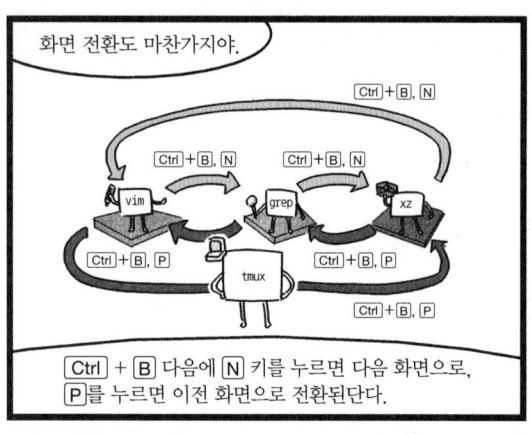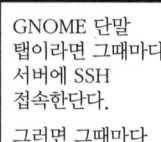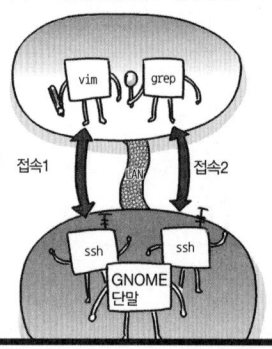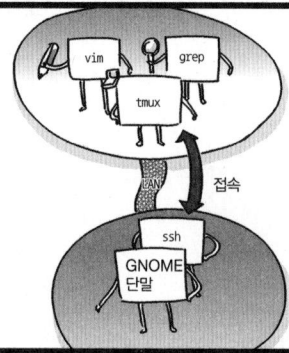

여담 tmux 이외의 가상 단말   System Admin Girl★

가상 단말은 여러 가지가 있다고 했는데 그 외에 어떤 게 있나요?

제일 유명한 건 screen이지. tmux보다 오래된 소프트웨어로 사용법도 비슷한데 설정을 변경하지 않으면 사용하기 불편하니까 민트한테는 추천하기 좀 그렇지.

아, 뭔가 상급자용이란 느낌이네요...

또 하나 유명한 건 byobu. 이름 유래는 병풍인데 tmux나 screen을 확장해서 보다 편리하고 간단하게 사용할 수 있단다.

뭔가 초보자한테 좋아 보이네요.

그렇긴 하지만 tmux나 screen에 비해 가상 단말을 통해 실행하는 다른 애플리케이션에 영향을 많이 끼친다는 게 단점이야.

이게 좋으면 저게 안 좋군요...

1화 오 노선배 의상

2006~2007년 오픈 오피스 연재 시 의상 이미지를 이어받고 능력있는 선배다운 빈틈없는 모습으로.

↙ 가죽

본편에서는 벨트가 달린 손목시계를 잊고 안 그린 상태입니다...

7화
다른 화면도 보면서 작업하고 싶어
(화면 분할)

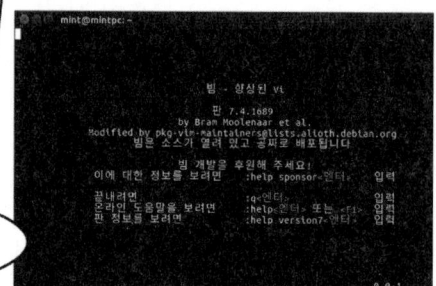

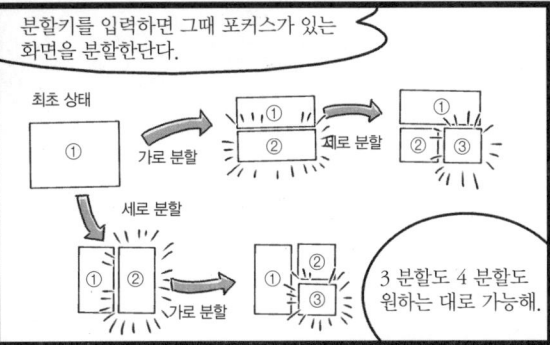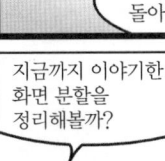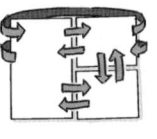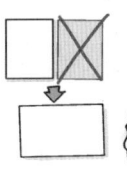

여담 분할된 화면 크기를 변경하려면?   System Admin Girl★

화면 분할은 편리하지만 동등한 크기로 분할되니까 메인 화면과 서브 화면처럼 사용하기에는 좀 미묘하네요.

분할된 화면의 크기는 변경 가능한데?
[Ctrl] 키와 [B] 키를 눌러서 tmux 자체를 조작하는 상태로 두고 그대로 이어서 [Ctrl] 키를 누르면서 커서 키 ←→↑↓ 를 누르면 분할 경계선이 움직인단다.

> 경계선이 오른쪽으로 움직임

오! 진짜다! 화면 비율이 변해요!

세 개 이상 화면을 분할했을 땐 어떤 화면에 포커스가 있는지에 따라 움직이는 경계선이 달라지니까 잘 안될 때는 [Ctrl] + [B] 다음에 ←→↑↓ 키로 포커스를 이동시켜 보렴.

네에!

8화
최근 실행한 명령어를 호출하고 싶어 (명령어 이력)

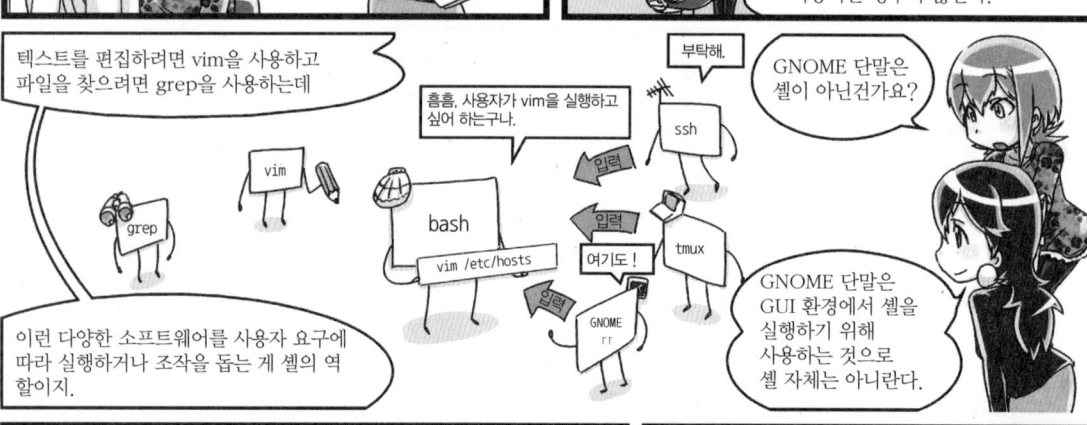

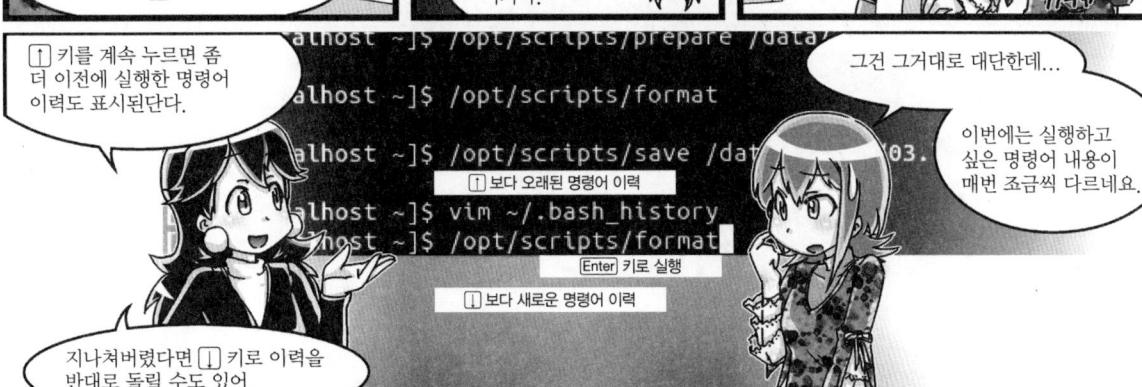

여담 셸과 조개 — System Admin Girl★

그런데 어째서 셸은 셸인가요? 설마 조개인 건 아닐 테고...

그게 정답인데?

엑! 어째서 조개랑 관계가 있는 건가요??

리눅스나 BSD 같은 유닉스 계열 OS는 커널이라는 부품이 핵심인데 커널 기능은 인간이 그대로 사용하기에는 어렵고 조금만 실수해도 시스템이 망가질 수 있단다. 그래서 조개처럼 속은 감추고 간단한 명령어로 대화식으로 조작할 수 있게 한 걸 셸이라고 부른단다.

그렇군요! 조개 안에는 부드러운 속살이 들어 있어서군요!

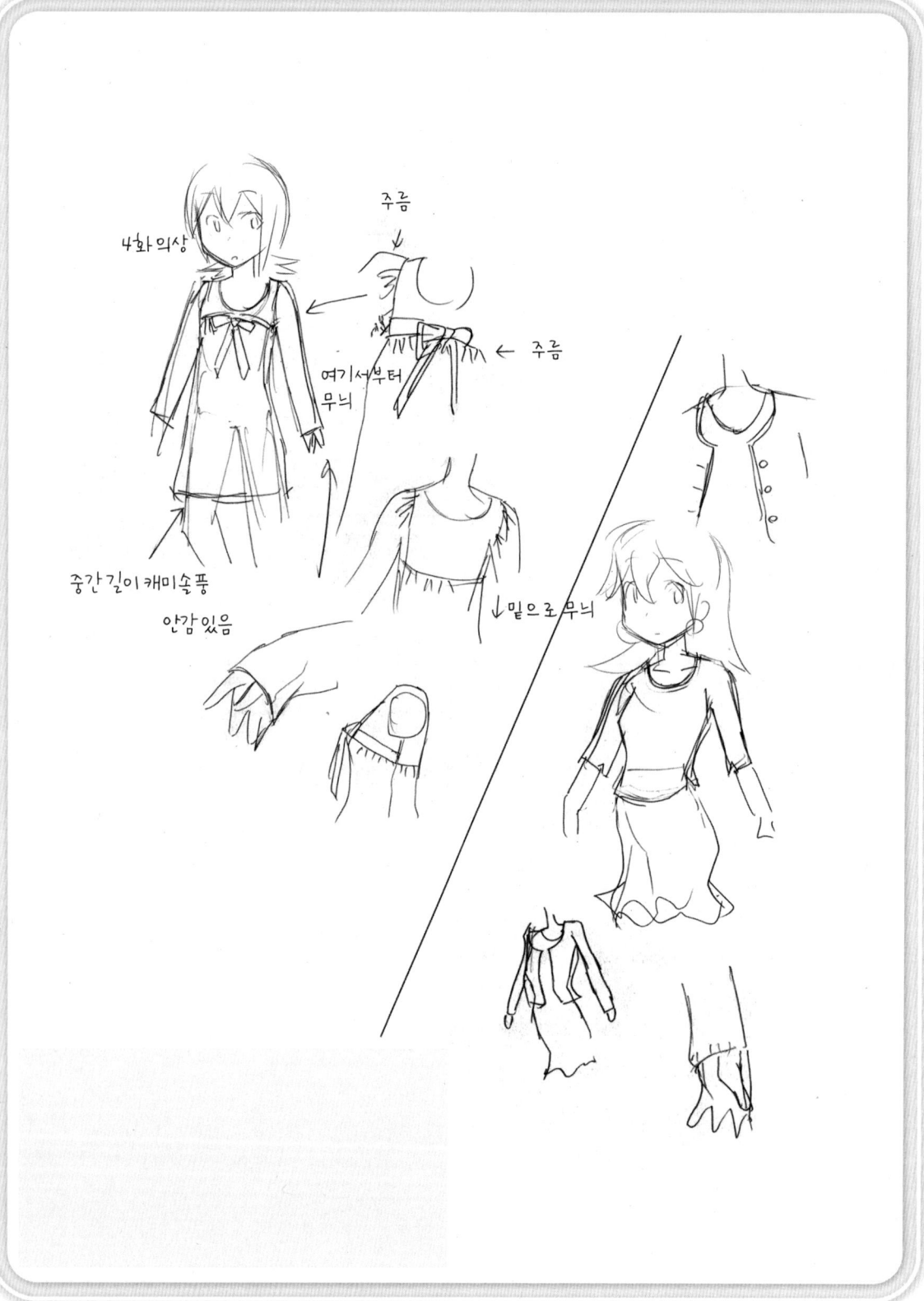

여담   SSH 넘어서 명령어를 하나만 실행하기   System Admin Girl★

명령어 이력은 편리하지만 SSH로 로그인해서 서버로 실행한 명령어는 이력에 남지 않네요.

그렇지, 셸 명령어는 각각의 컴퓨터에 저장된단다.

흑흑... 로그인해서 명령어를 실행하고 바로 exit하는데 지쳤어요...

혹시 실행할 명령어가 하나뿐이니? 그렇다면 SSH 명령어 끝에 접속한 곳에서 실행하고 싶은 명령어를 적으면 돼.

```
mint@mintpc:~$ ssh mint@server /scripts/do_backup.sh
```

서버명 뒤에 서버에서 실행하고 싶은 명령어를 그대로 적기.

오오! 진짜다! 이거 편리하네요!

명령어 조작이 간단해지는 테크닉을 저렇게 기뻐하다니... 민트, 성장했구나.

6화 민트 의상

← 버튼 3개째에 절개선
← 버튼 4개째까지 나풀거리게

↑
버튼×8

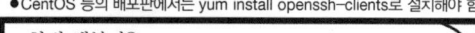

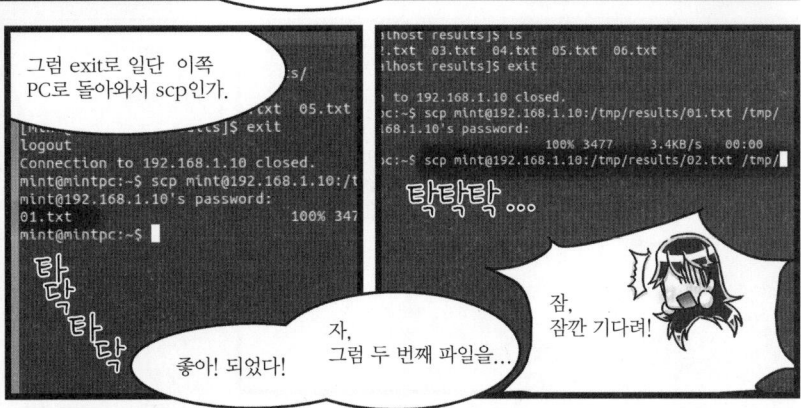

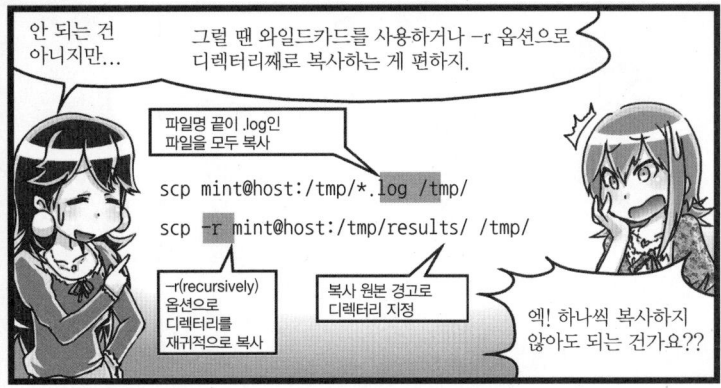

여담   서버에서 서버에 파일을 복사하기

System Admin Girl ★

일단 다운로드하고 다시 업로드하고…

민트, 왜 그렇게 다운로드와 업로드를 반복하고 있는 거야?

서버에서 다른 서버에 파일을 옮기고 있었어요. 디스크가 가득 찼으니 작업 좀 해두라고 해서.

그렇구나. 그럴 땐 복사 원본도 복사 대상도 서버를 지정해서 파일을 복사하면 된단다. 이런 식으로 말야.

```
mint@mintpc:~$ scp mint@server1:/data/file mint@server2:/backup/
```

복사 원본 서버명과 서버 경로

복사 대상 서버명과 서버 경로

오! 이런 것도 되는군요!

자기 PC를 통해서 통신을 중계하는 형식이니까 조금 시간이 지체되지. 제일 효율적인 건 어느 쪽 서버에 로그인해서 서버끼리 직접 scp를 쓰는 방법이란다.

● 역자주: 일본 세탁 세제와 발음이 같은 걸 이용한 말장난.

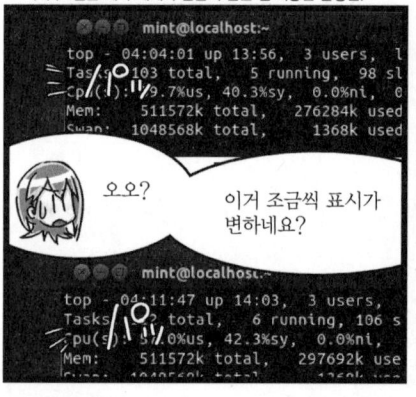

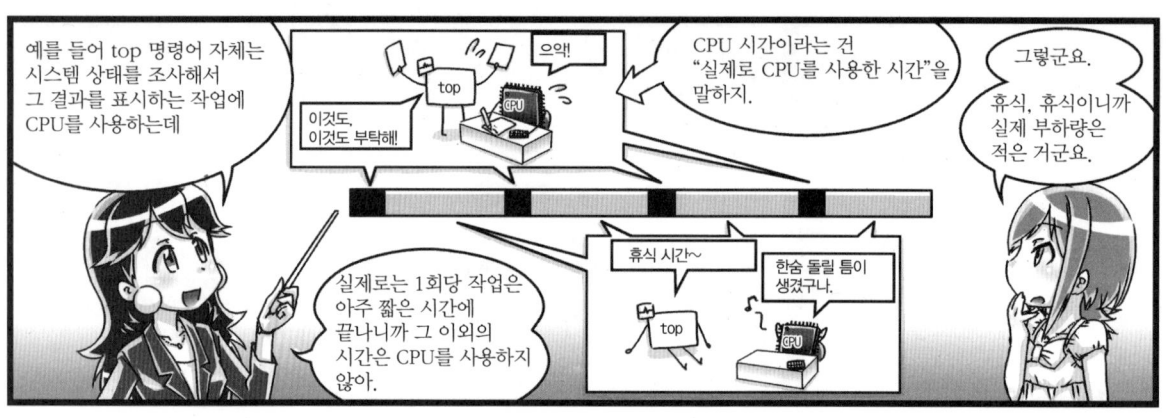

여담 여러 프로세스를 동시에 종료하기　　　　　　　　　System Admin Girl★

kill하고 싶은 프로세스가 많은데 하나씩 하고 있으려니 힘드네요...

민트, kill은 여러 프로세스를 한꺼번에 종료할 수 있단다.

엑! 진짜인가요??

방법은 간단해. kill 명령어 뒤에 프로세스 ID를 스페이스로 띄어서 나열하면 된단다. 이런 식으로 말야.

```
mint@server:~$ sudo kill 111 222 333 444 555
```

각각의 프로세스 ID

오오! 일망타진이네요! 그 많던 프로세스가 순식간에 전멸했어요!

뭔가 오싹한 발언이네, 그거...

여담   top 표시를 소비 메모리 순서대로 나열하기   **System Admin Girl★**

top 항목 표시순서는 CPU 부하가 높은 순서라서 메모리만 많이 쓰는 프로세스를 찾는 게 어려워요…

그럴 땐 메모리 사용량 순서로 나열하면 된단다.
[Shift] 키와 함께 [M] 키를 눌러보렴!

흠흠?

```
PID USER      PR  NI    VIRT    RES   SHR S %CPU %MEM    TIME+ COMMAND
4881 apache2  20   0  264480 262588   196 R 49.9  7.8  0:07.12 apache2
5288 root     20   0  207136 204996   196 R 22.3  6.1  0:00.67 ruby1.9.1
1294 mysql    20   0  319360  44196  5724 S  3.3  1.3  4:37.83 mysqld
4301 root     20   0    8192   1616  1400 R 14.3  0.0  0:00.45 copy
...
```

메모리 소비량이 큰 것이 상위에 표시됨

앗! 정렬이 바뀌었어요!

CPU 시간 순서로 나열하려면 [Shift] + [T],
CPU 사용량 순서로 돌아가려면 [Shift] + [P]란다.
찾아보고 싶은 것에 따라 정렬 순서를 바꾸어 보렴.

알고 계실지 모르겠지만... 그렇습니다.
이 책에서는 아무도 ID 카드를 목에
걸고 있지 않습니다.
귀엽지 않으니까 아예 빼버렸다 같은 게 아니라
그저 단순한 설정 미스입니다.
전 소규모 회사밖에 경험해본 적이 없어서
ID 카드 존재를 완전히 잊고 있었습니다.
그러니까 그렇게 된 것이죠...
분명히 이런 회사라면 RFID 칩을 써서 눈에 띄지
않게 ID 카드를 관리하고 있을 겁니다... 아마도.

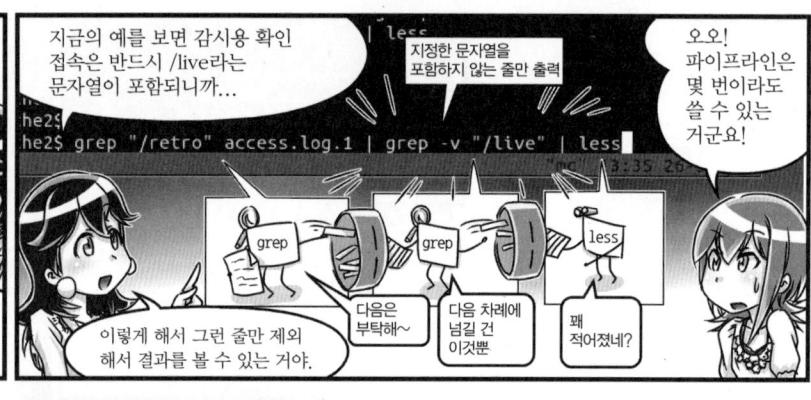

여담 **GUI 애플리케이션과 파이프라인**　　System Admin Girl★

선배! 파이프라인으로 명령어끼리 연결 가능하다고 했는데 gedit나 Firefox 같은 것도 가능한가요?

그건 무리야. 이전에 콘솔 애플리케이션과 GUI 애플리케이션은 다른 규칙으로 움직인다고 했었는데 파이프라인은 콘솔 애플리케이션 세계에서 쓰는 거지.
GUI 애플리케이션 대다수는 파이프라인에 대응하지 않는단다.

저런, 아쉬워요...

무엇을 하려고 했던 거니?

그게 Firefox로 보고 있던 웹페이지 내용을 grep에 넘길 수 없을까라고 생각해서...

그건 그냥 페이지 내 검색을 사용하면 되잖아...

● cd 명령어를 인수 없이 실행하면 홈 디렉터리로 이동함.

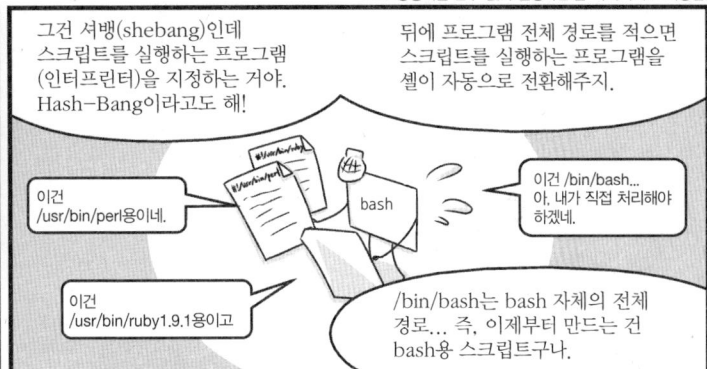

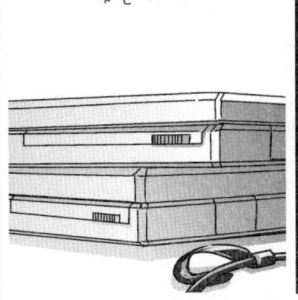

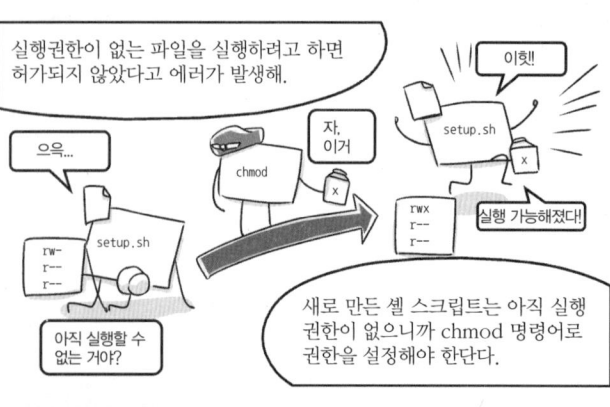

여담 — 시스템 관리와 명령어 작업의 상성

System Admin Girl★

평소에 하던 작업을 그대로 적기만 하면 자동 처리 된다니 재미있네요!

그렇지. 민트는 서버를 리모트로 조작하기 위해 명령어를 사용했었지만 자동 처리하기 쉬우니까라는 이유로 평소에도 명령어 작업을 좋아하는 사람도 많아.

그건 GUI는 자동화가 안 되기 때문인가요?

안되는 건 아니지만 제한적이고 환경이 바뀌면 재사용하기 어렵다는 등 문제가 좀 있지.

뭔가, 안 좋네요...

그에 비해 평소에 쓰던 익숙한 명령어 작업을 그대로 적기만 하면 자동 처리가 되는 손쉬움과 한번 작성한 스크립트를 여러 환경에서 안정적으로 사용할 수 있다는 게 셸 스크립트의 큰 장점이야.

그렇군요... 처음에는 명령어 작업이라니 낡아빠진 시대착오적인 생각이다!라고 느꼈는데 명령어 작업만의 장점이 있었군요.

그렇지. 특히 우리가 하는 작업은 명령어 조작의 다양한 특징이 잘 어울린단다. 중요한 건 상황에 맞게 잘 쓰는 거지!

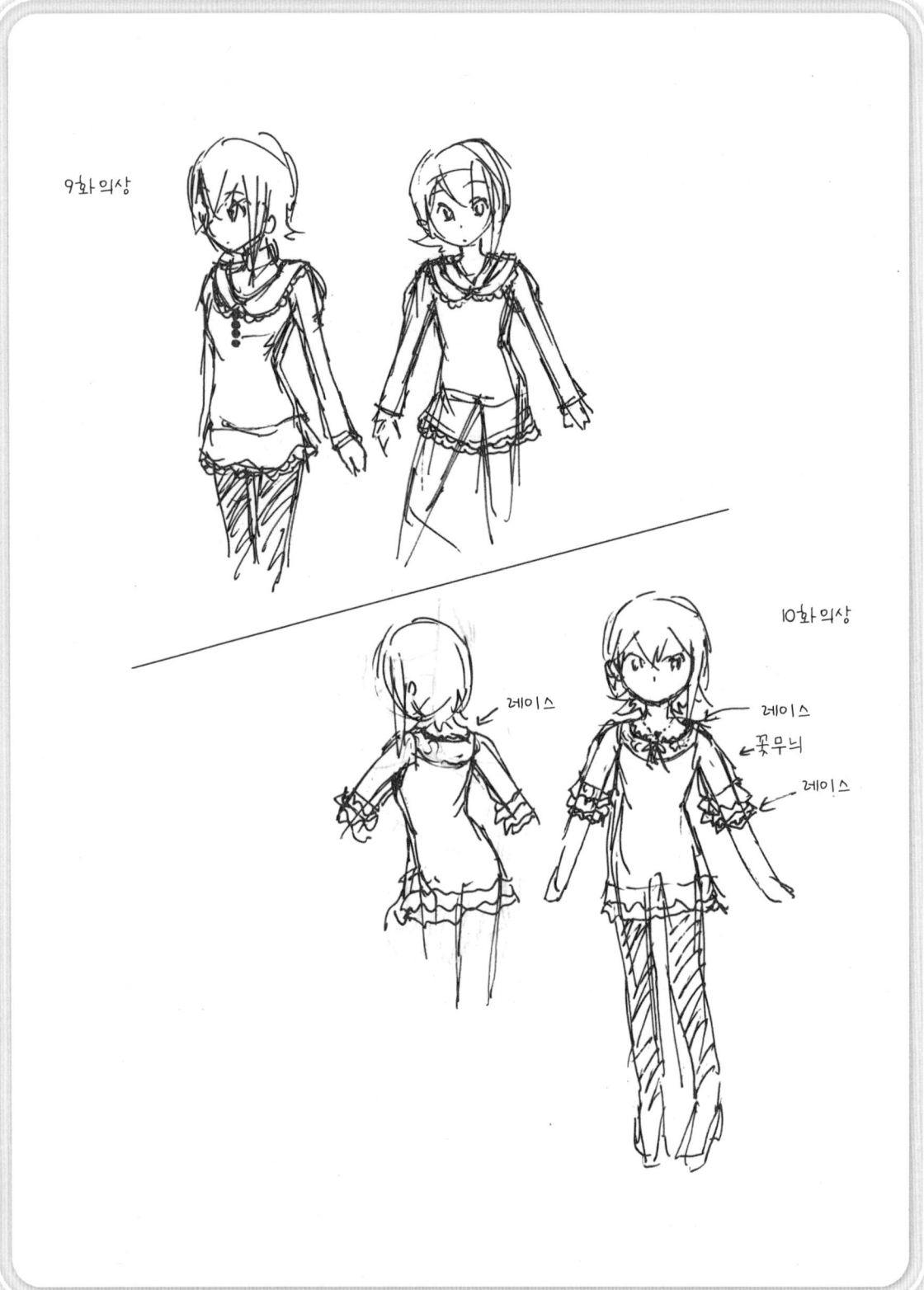

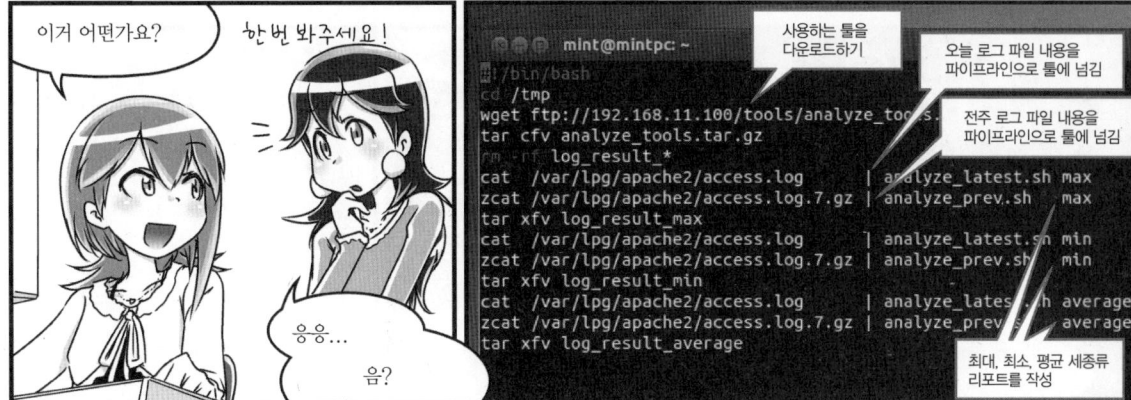

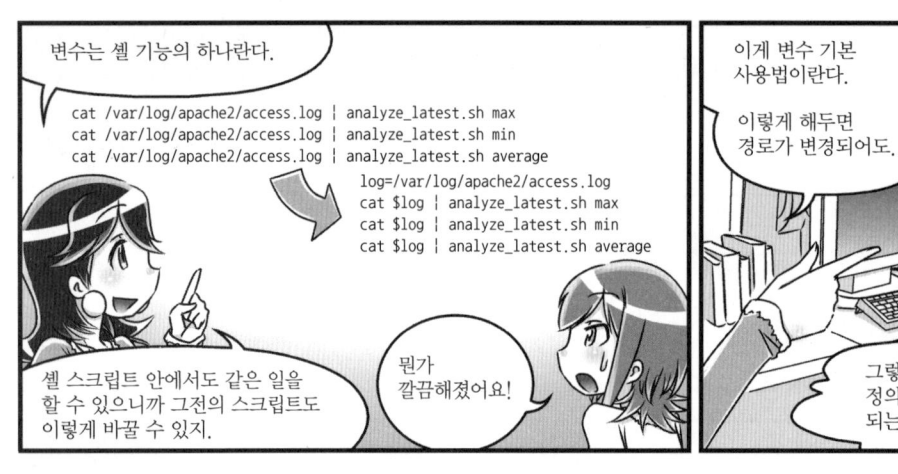

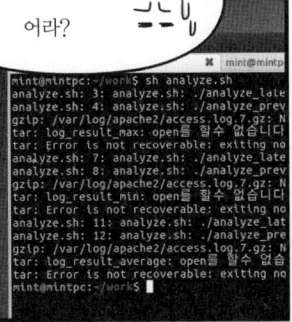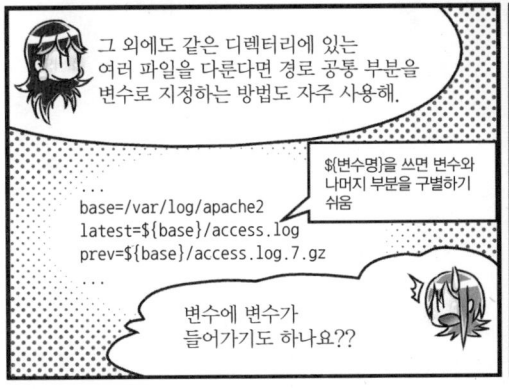

여담 변수는 상자? 이름표?   System Admin Girl★

선배!
"변수는 값이 들어 있는 상자다"라는 설명을 봤는데 선배가 한
"변수는 값에 이름을 붙인 것"이라는 설명이랑 다른가요?

그러고 보니 예전에는 변수라고 하면 상자를
예로 많이 들었지.

그런 거군요. 어쩌다 설명 방법이 바뀐 건가요?

민트가 본 설명처럼 변수를 상자로 예를 든 설명을
"상자 모델"이라고 했는데 프로그래밍 언어 종류나 사용법에
따라서는 상자 모델로는 잘 설명되지 않는 경우가 있어.

흐음

그에 비해 "값에 이름을 붙인다"라는 이름표 모델은
상자 모델보다 많은 부분에서 잘 맞는단다.
보다 추상적이고 일반적인 사고법이라고 할 수 있지.

그렇군요! 안심했어요!

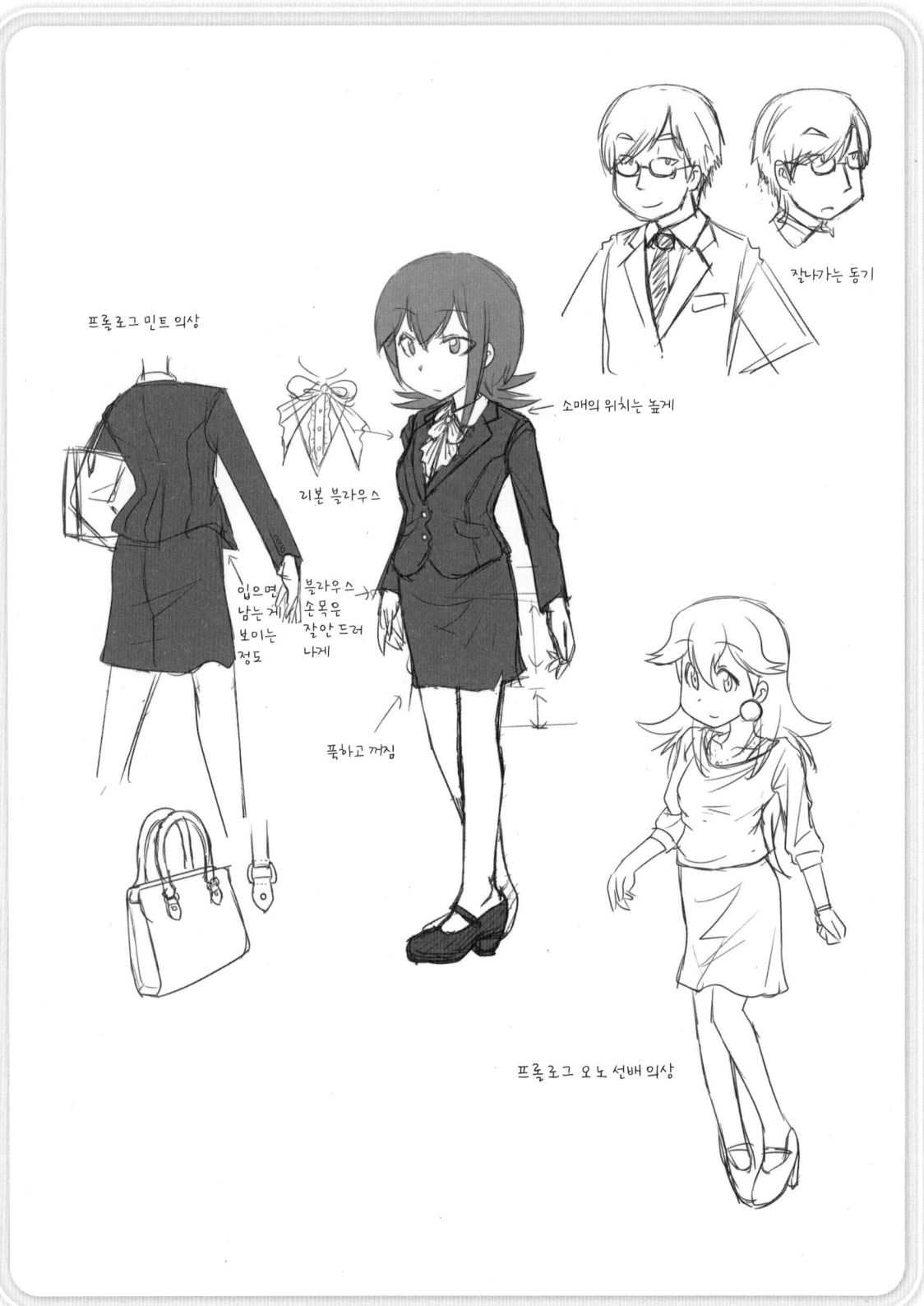

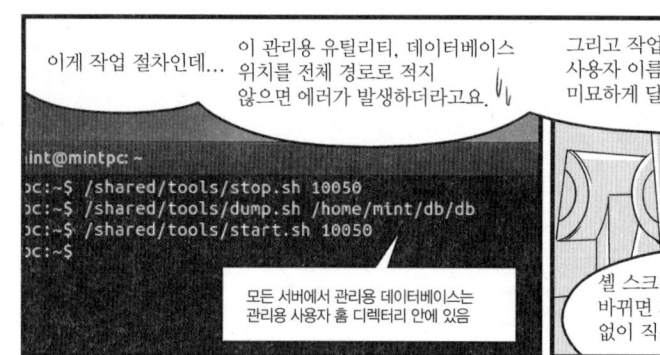

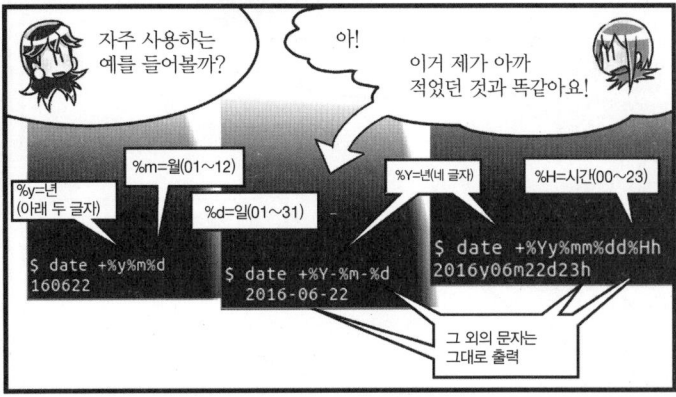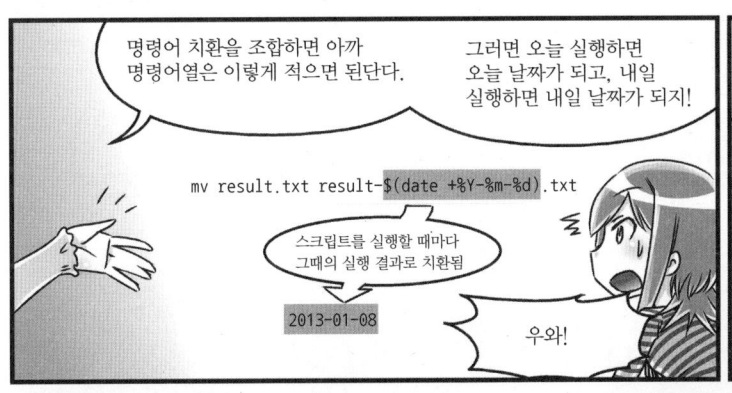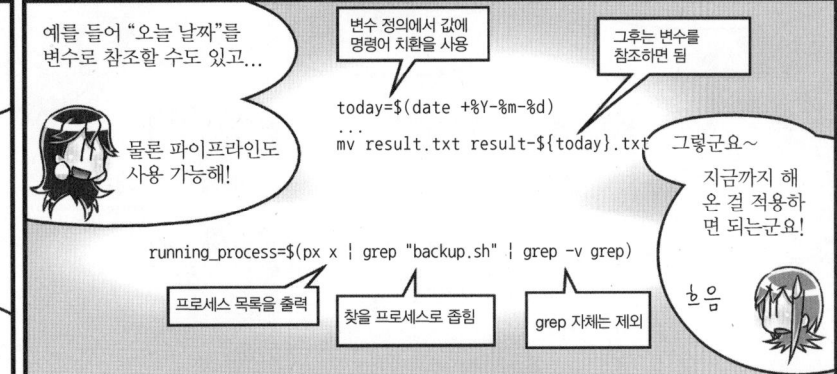

여담 명령어 치환의 두 가지 작성법 　　　　　　　　　　**System Admin Girl ★**

명령어 치환 작성법은 $(명령어열) 과
`명령어열` 두 종류가 있는데 어떻게 구분해서
써야 하나요?

기본적으로는 $(명령어열) 쪽만 쓰면 된단다.

에! 왜 그런가요?

`명령어`는 그 안에 또다시 쓰려면 `명령어`명령어`` 가
되는데 이거라면 어디에서 어디까지가 명령어열인지
알기 어려워.
그보다는 $(명령어$(명령어)) 라고 적으면 간단히
겹쳐서 쓸 수 있지.

말을 들으니 납득이 가네요.
그럼 `명령어열`이라고 적는 건
왜 있는 건가요?

주로 호환성 때문이지.
예전에는 그런 표기법밖에 못 썼는데
그게 아직까지 남아 사용되고 있는 거란다.

그렇군요~

15화 의상

STEP1: 적절하지 않은 줄을 제외하고 필요한 줄만 집계 대상으로 삼음

STEP2: 로그 각 줄에서 접속한 페이지 경로를 추출

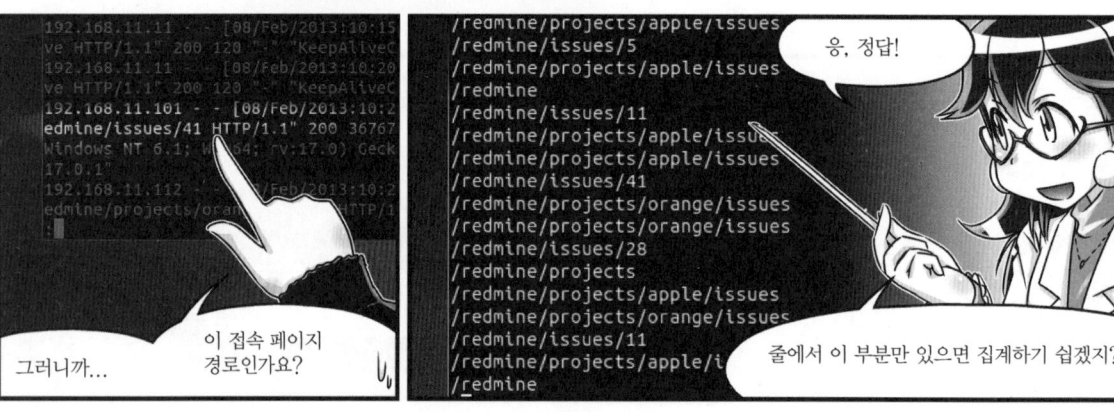

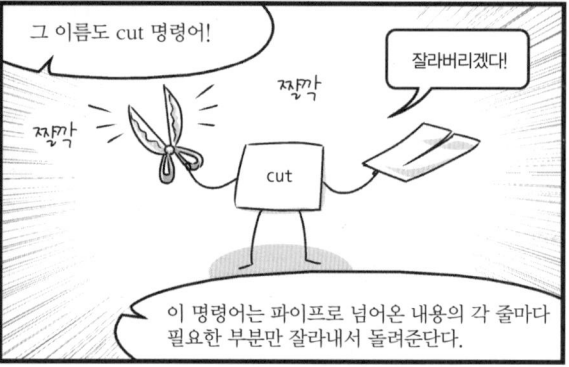

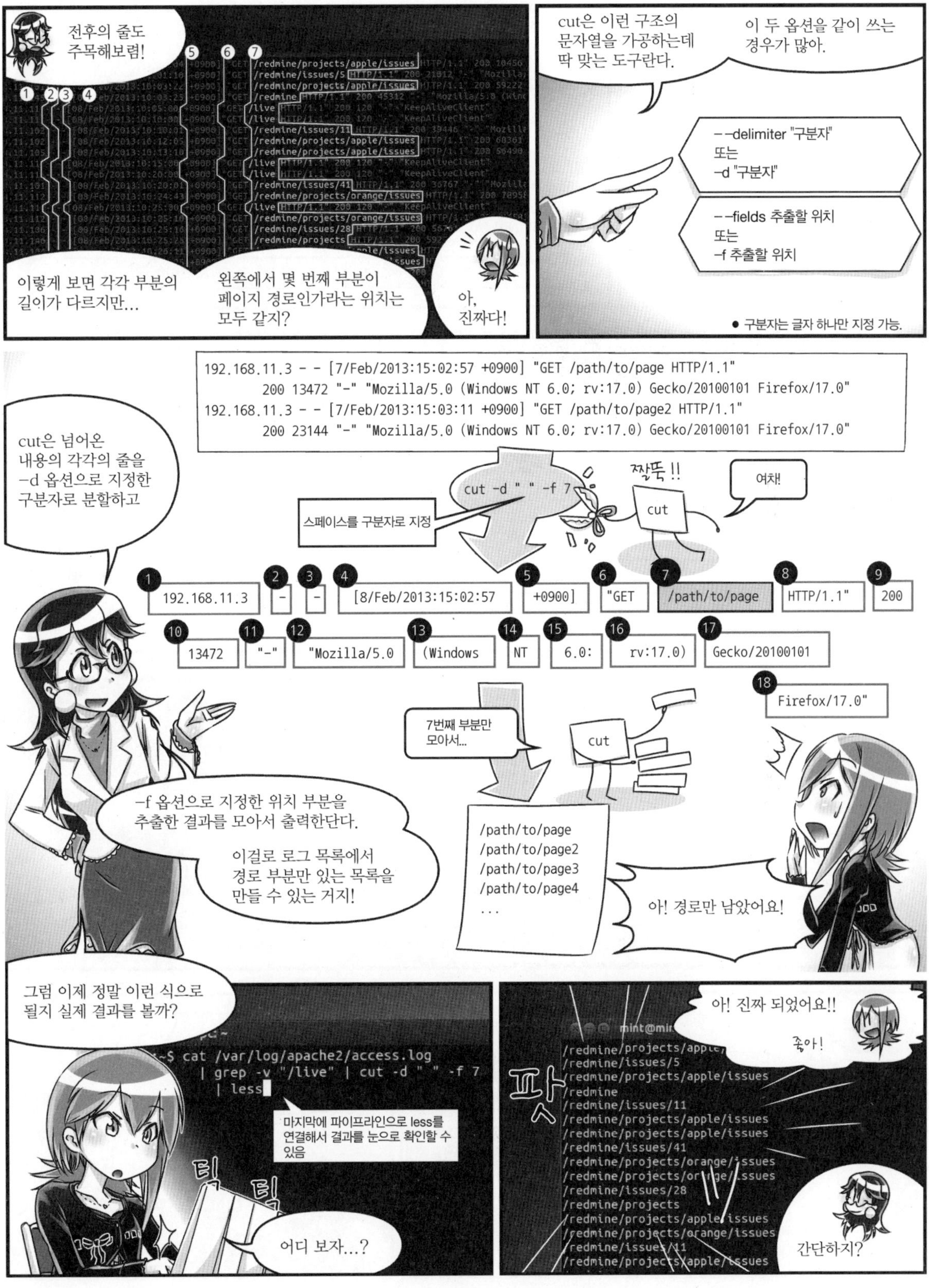

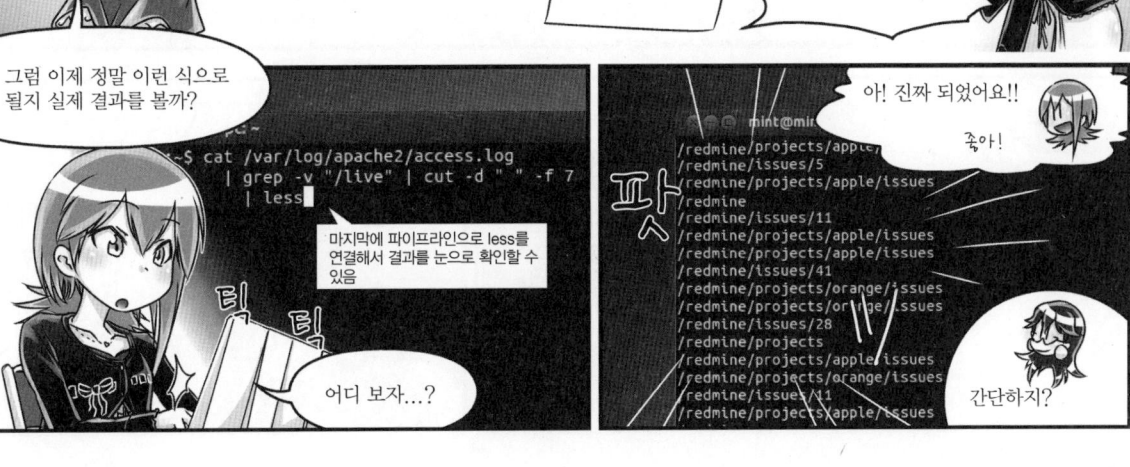

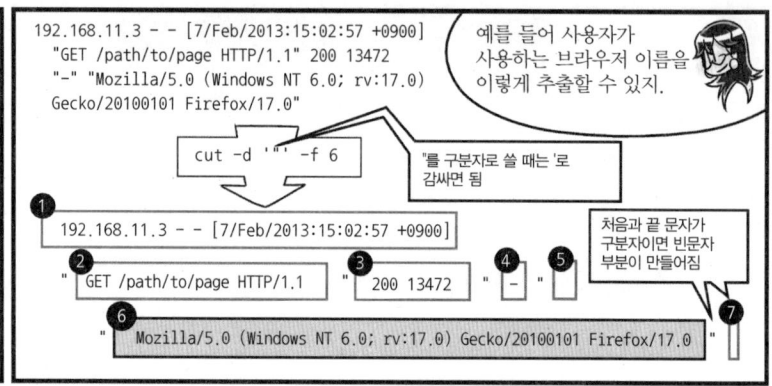
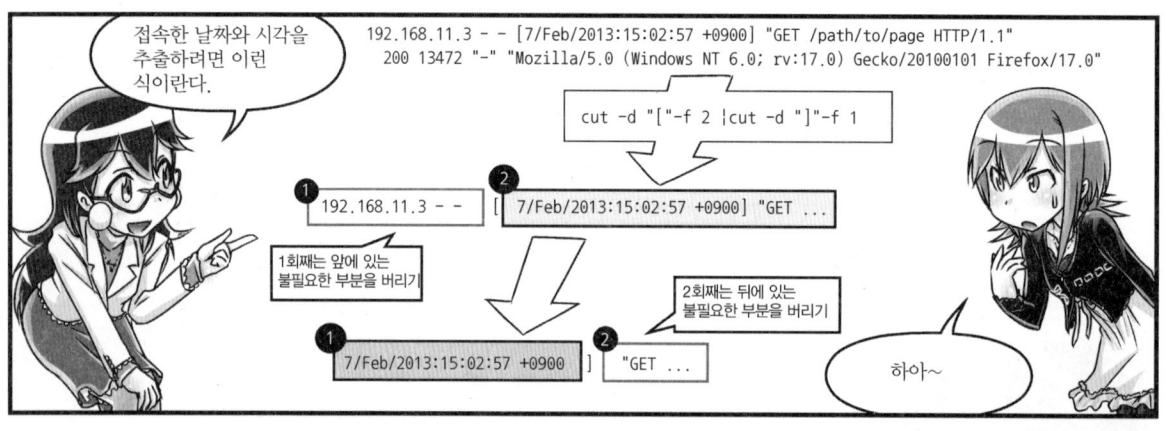

여담 cat 명령어 역할   System Admin Girl★

cat 명령어는 왜 그런 이름이 붙었나요?
고양이는 아니지요?

catenate(연결하다)에서 유래한 이름이야.
원래는 파일을 연결하기 위한 명령어란다.

연결?

그러니까 두 개로 나뉜 파일을 하나로 합치는 경우지.
cat 명령어에 여러 파일을 지정하면
그 전체 내용이 하나로 이어져서 출력돼.

그냥 파일 내용을 출력하기만 하는
명령어가 아니었네요.

그리고 cat의 반대인 tac이라는 명령어도 있단다.
cat 명령어처럼 사용하는데 마지막줄부터 출력을 시작해서
파일 첫 줄까지 출력하고 끝나는 식이란다.

그런 이상한 명령어도 있군요...

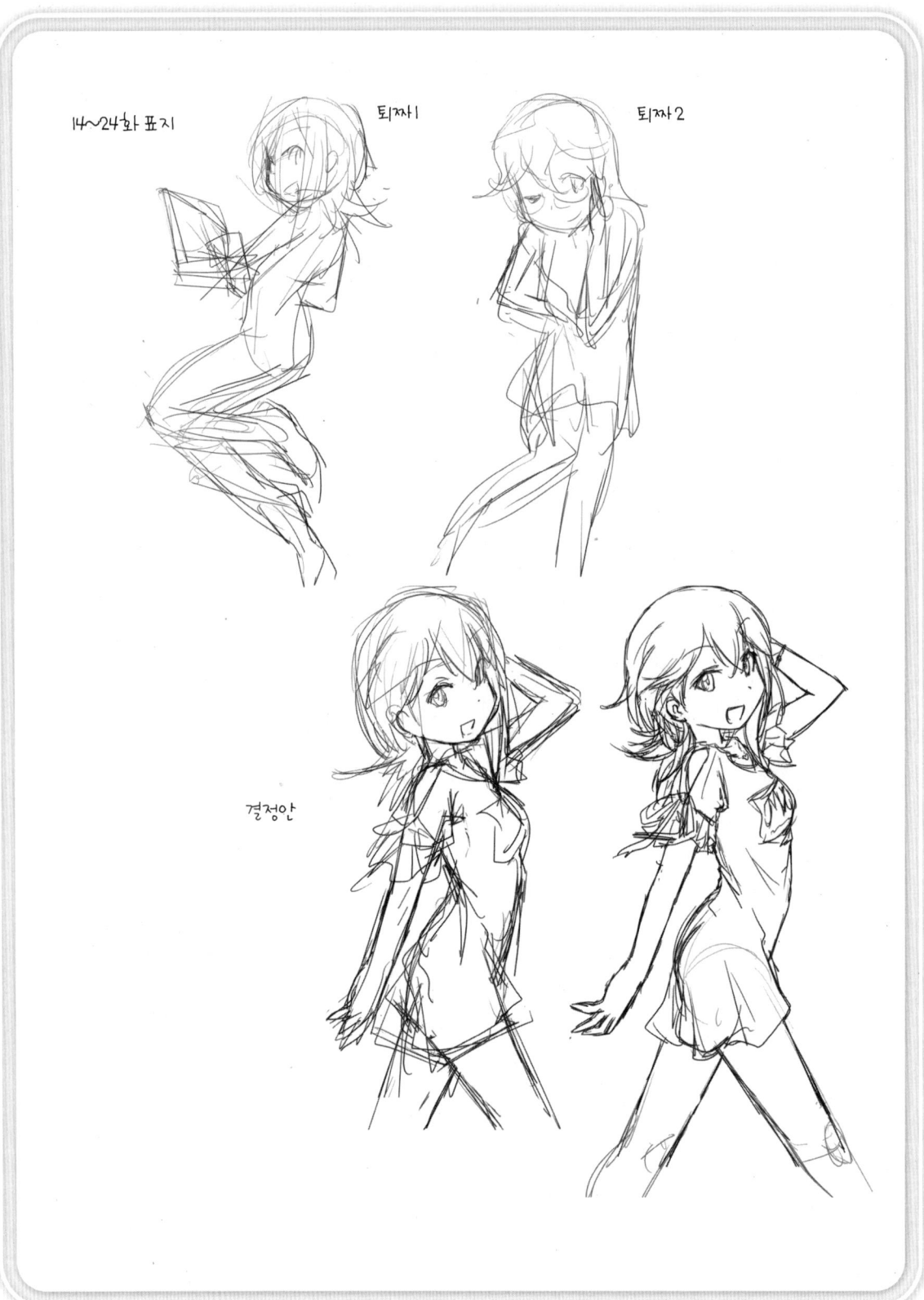

STEP3: 경로 등장 횟수를 카운트

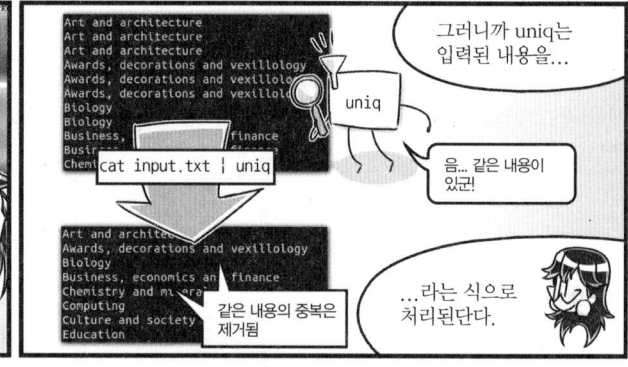

● 참고: http://goo.gl/xWsvAU

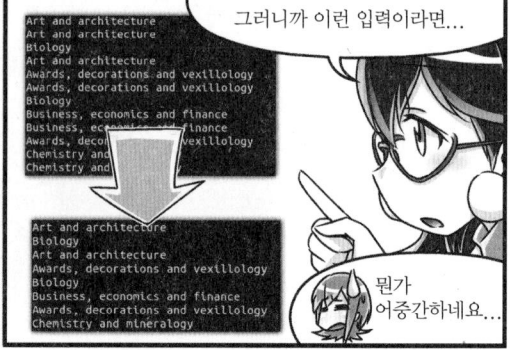

STEP4: 등장 횟수로 경로를 재정렬

STEP5: 상위와 하위 항목을 추출

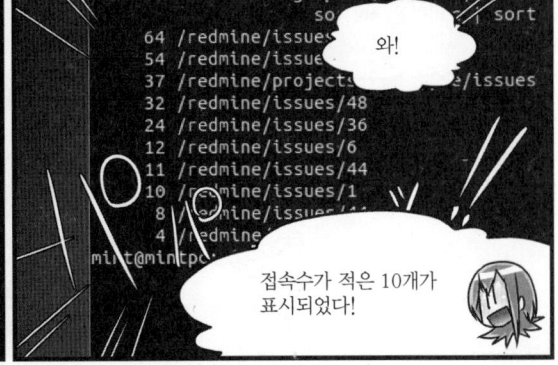

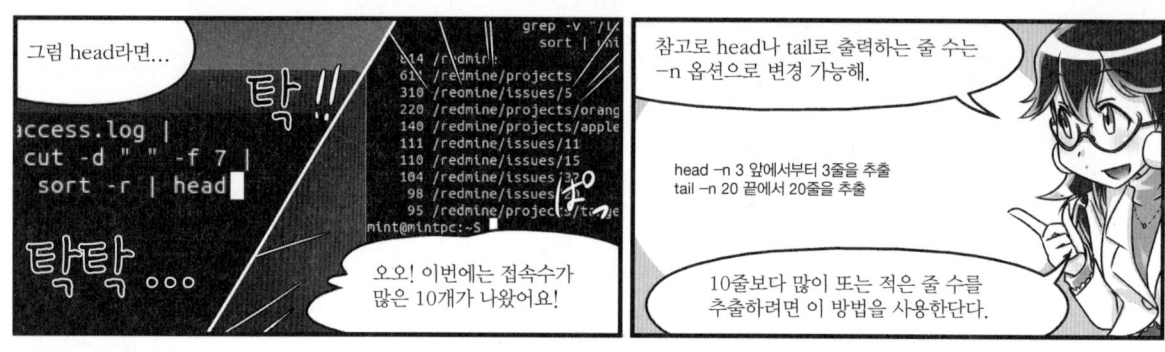

여담 ― 첫 N줄, 마지막 N줄을 제외하기　　　　　System Admin Girl★

음... 이 로그 파일 첫 5줄이 설명문이니까 집계가 어려워요...

그럴 땐 필요 없는 줄을 제거하고 쓰면 된단다.
tail 명령어의 -n 옵션은 플러스 기호를 써서 tail -n +6이라고 하면 6번째 이후로 출력한다는 의미야.

아니 그런 것도 되나요!

물론 head 명령어도 같은 걸 할 수 있단다. -n 옵션에 마이너스 기호를 써서 head -n -5라고 쓰면 마지막 5줄을 제외한 나머지 모든 줄을 출력한단다.

점점 머리가 복잡해졌어요...

그림으로 그리면 이런 느낌이지!

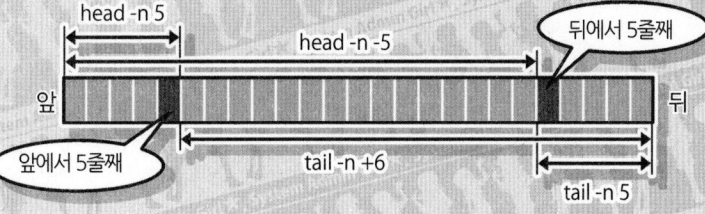

tail -n +6만 지정하는 숫자가 다르네요. 주의해야겠어요!

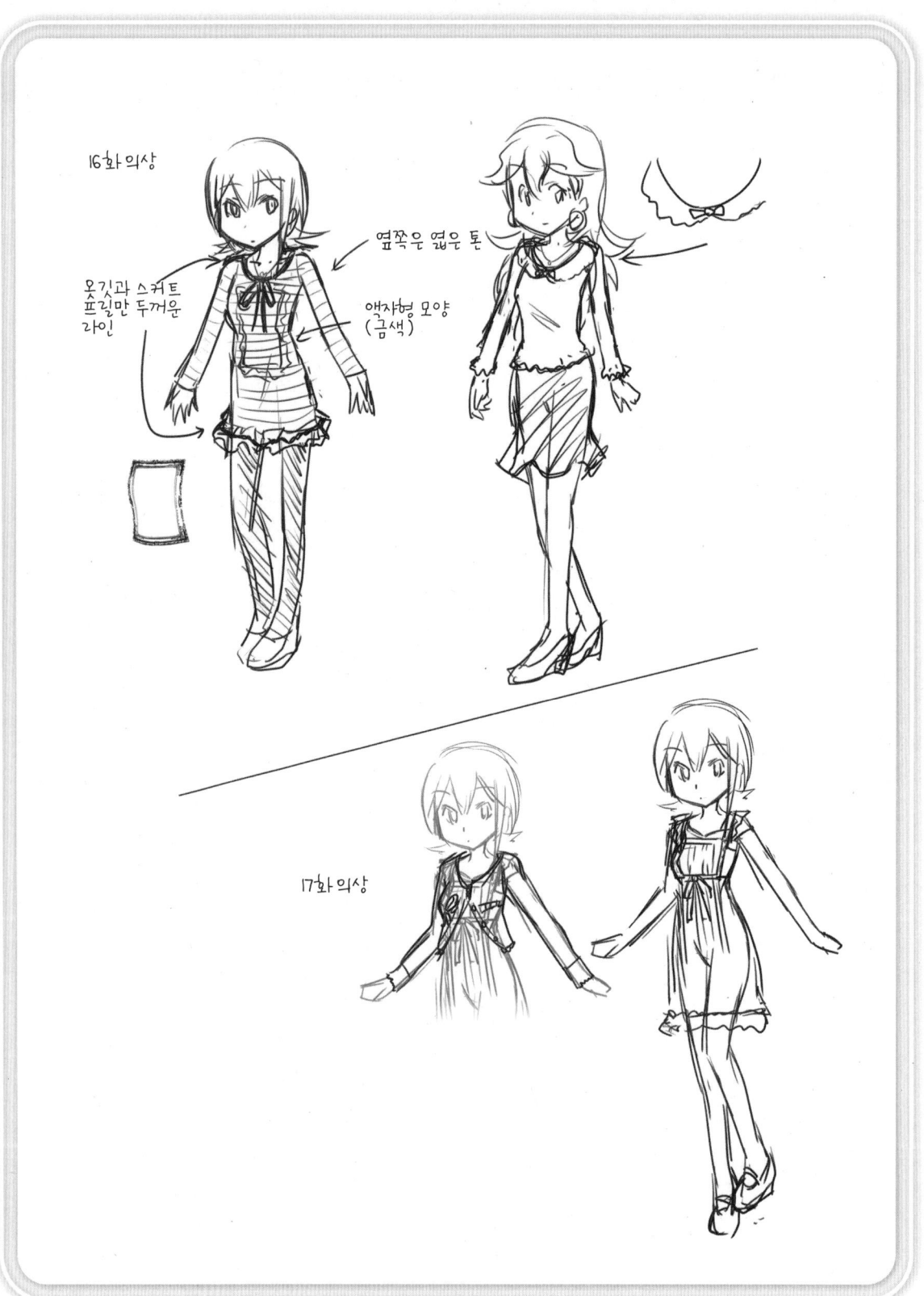

STEP1: 불필요한 열을 삭제하기

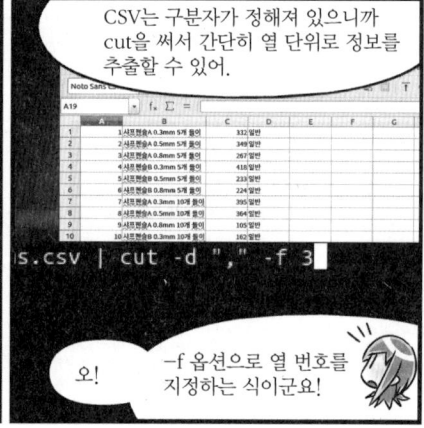

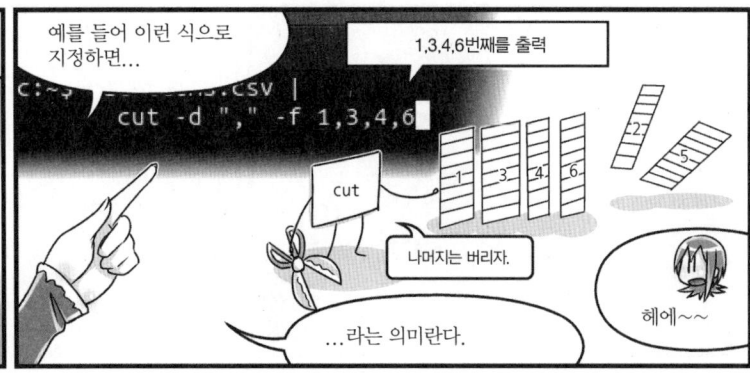
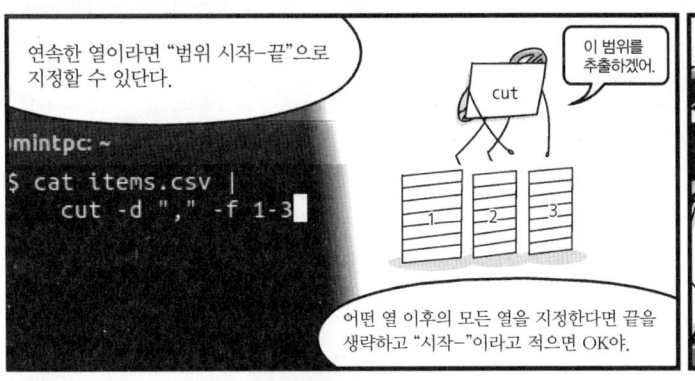

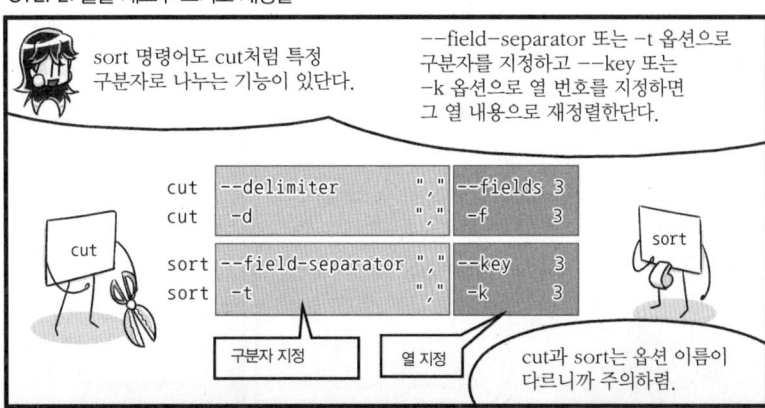

STEP2: 줄을 재고수 크기로 재정렬

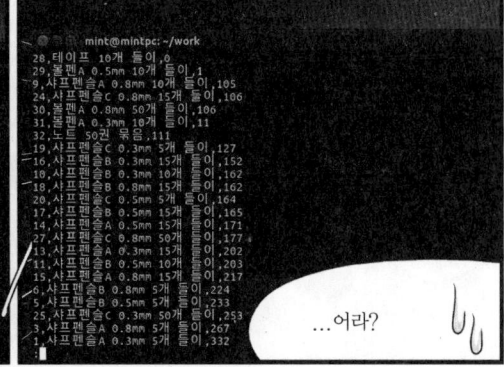

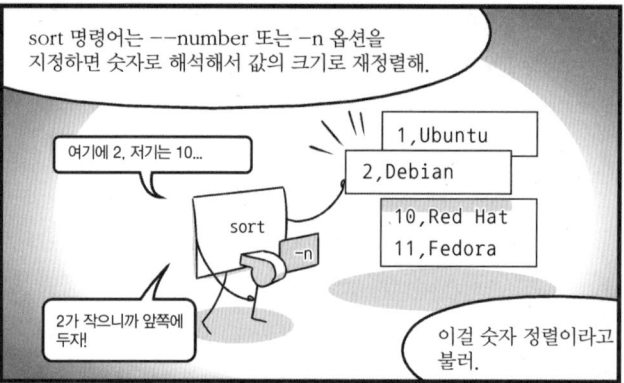

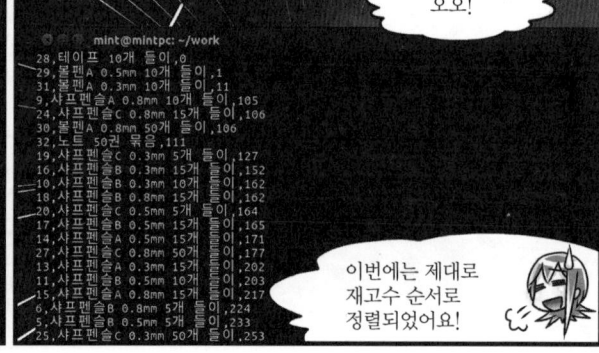

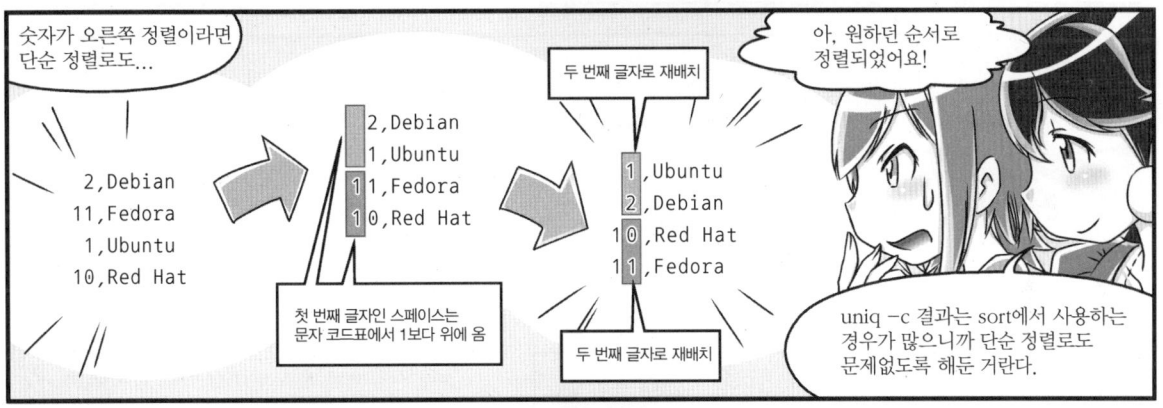

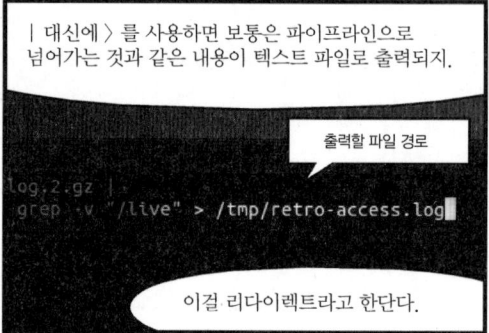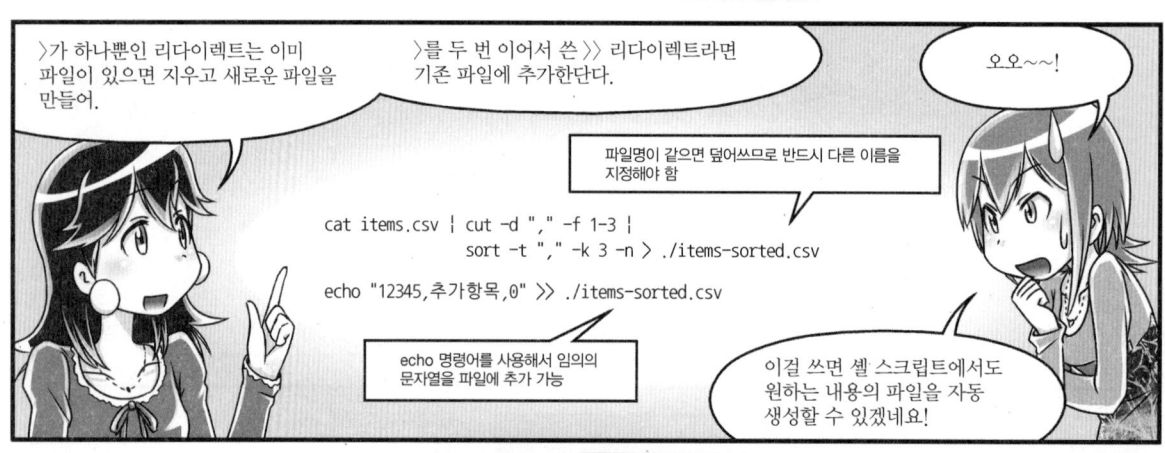

여담 **탭으로 구분된 파일을 cut하려면?**   System Admin Girl★

이 CSV 파일은 구분자가 탭문자다!
그럼 --delimiter= ...어? 잘 안되네?

민트 지금 뭐 하고 있어?

cut 구분자에 탭문자를 지정하고 싶은데 입력이 안 돼요!

그럴 땐 --delimiter(-d) 옵션 자체를 지정하지 않으면 된단다.
구분자 문자가 지정되지 않으면 cut 명령어는 탭문자를 구분자로 사용하거든.

그렇군요! 허점을 찔렸어요...

셸 스크립트 안에서라면 cut -d "(탭문자)"로 쓸 수 있단다.

민트라는 캐릭터의 직접적인 모델은 없지만 착상의 발단이 된 사람이 있습니다.
본업의 OSS 서포트 작업으로 신세를 진 어느 회사의 시스템 부서에서 젊은 여성 시스템 관리자를 봤는데 '아, 이런 사람도 있구나...!'라고 묘하게 인상에 남았던 것입니다.
(그때까지 작업으로 만난 시스템 관리 담당자는 전부 남자뿐이라서...)

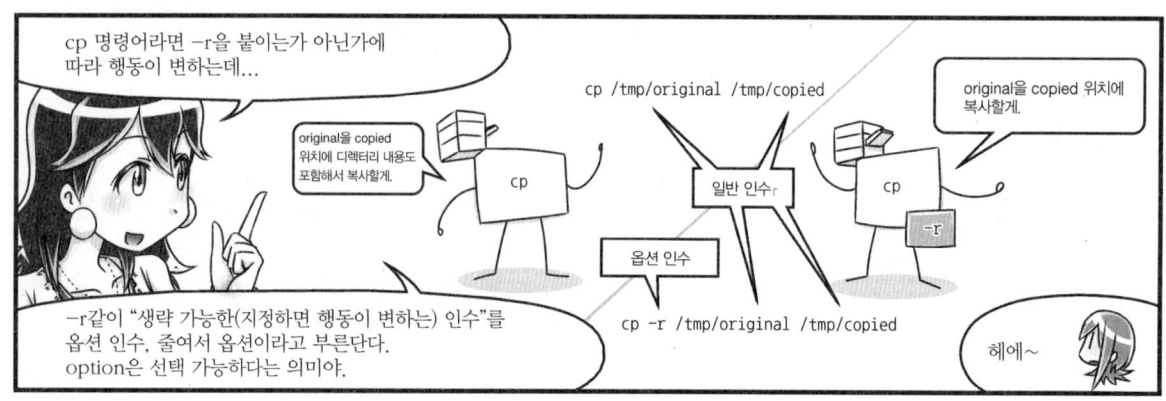

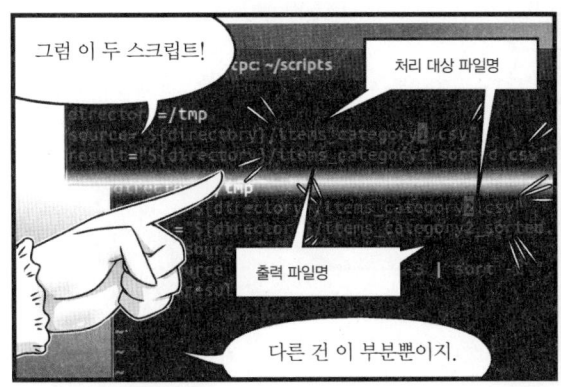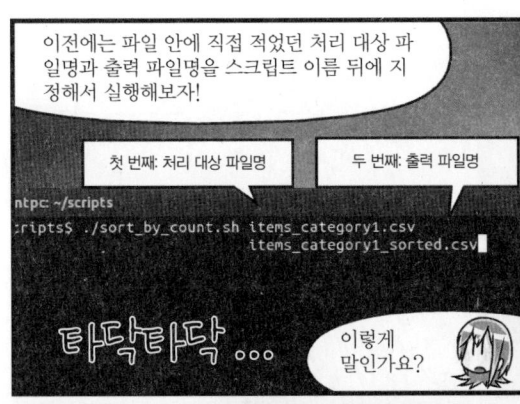

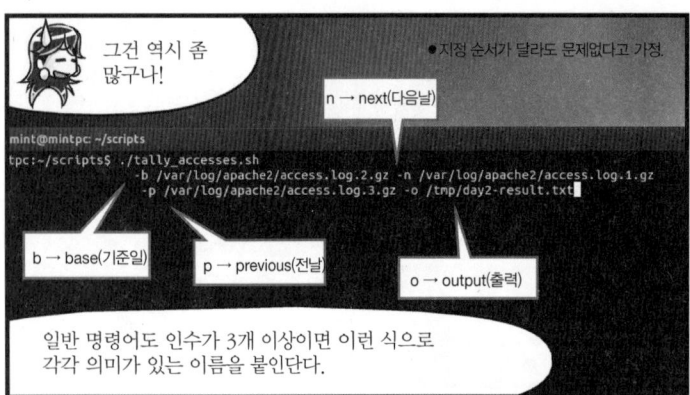

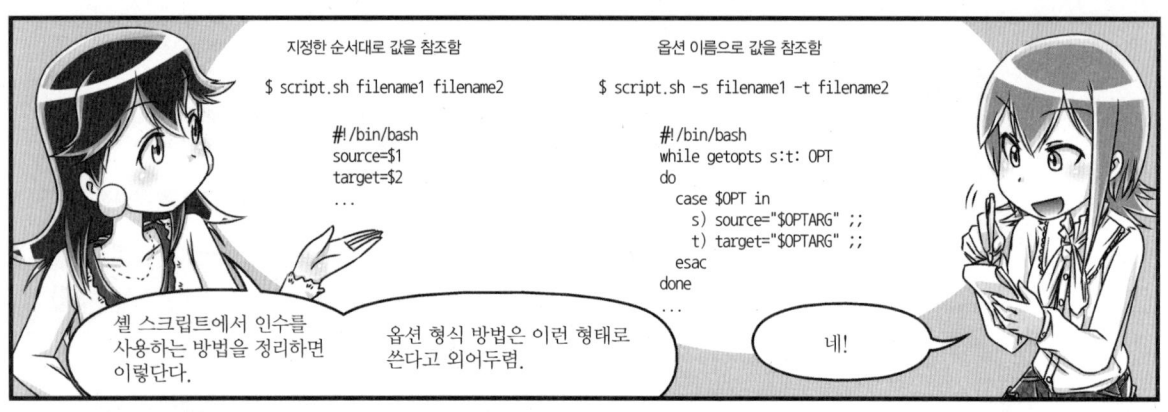

여담 인수는 히키스(ひきすう)? 인스(いんすう)?   System Admin Girl★

선배, 인수(引数)를 히키스라고 읽는다고 했는데 이건 "히키(引)"는 훈독이고 "스(数)"는 음독이네요.•

• 역자주: 일본어 한자 읽기는 훈독과 음독이 있음. 한자의 뜻에 해당하는 일본어 발음으로 한자를 읽는 것이 훈독이고, 한자의 중국어 발음을 이용해서 읽는 것이 음독.

이른바 유등읽기 (湯桶読み/유토요미)••란다.

하지만 이거 그냥 읽으면 양쪽 다 음 읽기 방식인 '인스' 아닌가요? 뭔가 이상한데요?

•• 역자주: 두 글자 한자어를 첫 글자는 뜻글자로 읽고 뒷글자는 음(중국어 발음)으로 읽는, 변칙적인 일본어 단어 읽기 방법을 통칭하는 말.

그렇게 되면 인수분해(因数分解)의 因数랑 헛갈리잖아. 因数도 引数도 둘다 수학에서 유래한 단어이니까 구별하기 쉽도록 불편하지만 관습적으로 引数를 '히키스'라고 읽게 되었단다.

그렇구나... 하지만 어째서 引数 쪽만 이상하게 읽는 걸까요?

因数는 다르게 읽는 방법이 없어서 아닐까?

하지만 하려고 하면... 음... 因幡 (이나바)라는 게 있으니까 '이나스'...라던지?

그건 무리...

표지기안

결정안

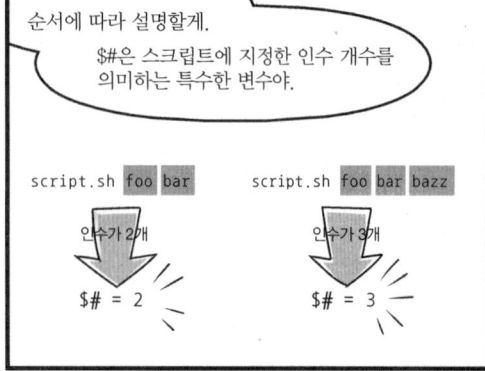

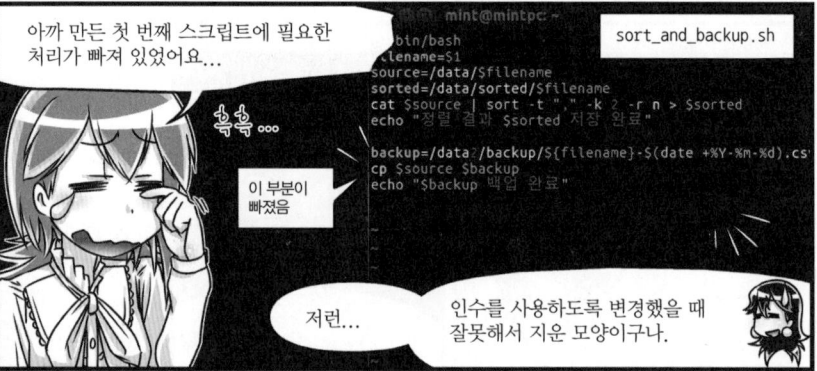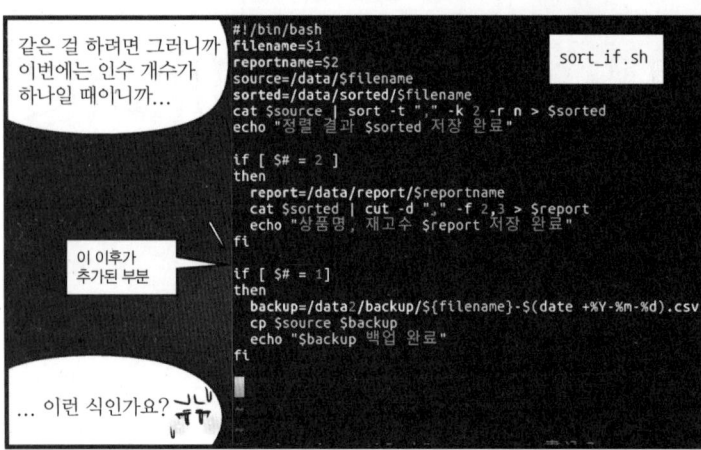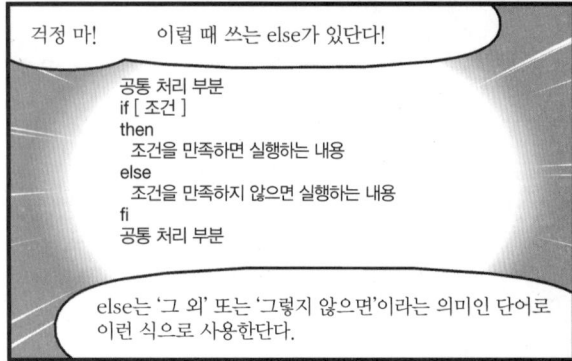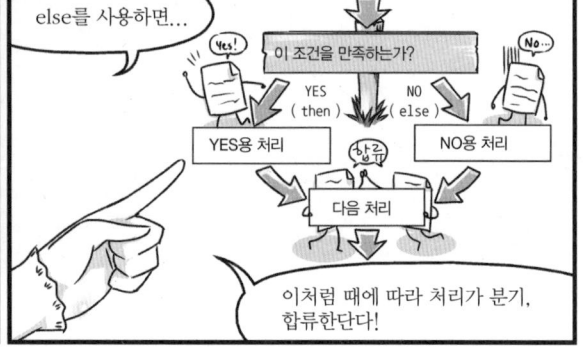

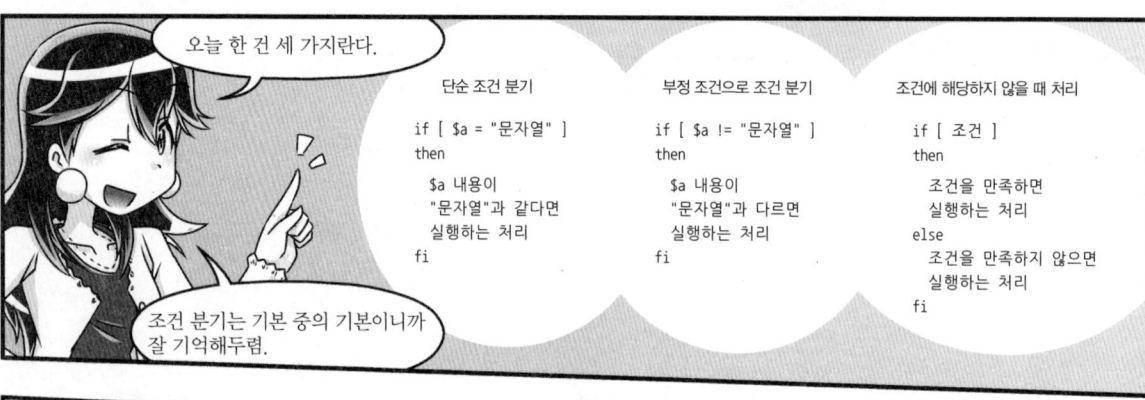

여담 if나 [에 스페이스가 필요한 이유

System Admin Girl★

어째서 if[$#=2]then이라고 붙여서 쓰면 안 되는 건가요?

[도 명령어라서 그렇지.

엑? 그것도 명령어??

그래. 실제 파일은 /usr/bin/[에 있단다.

어디 보자... 진짜다!

그러니까 실제로는 이런 거란다.

[명령어   인수   마지막 인수

```
if [ $# = 2 ]
then
 ...
end
```

그렇군요. 명령어와 인수니까 사이를 띄어야 하는 거군요.

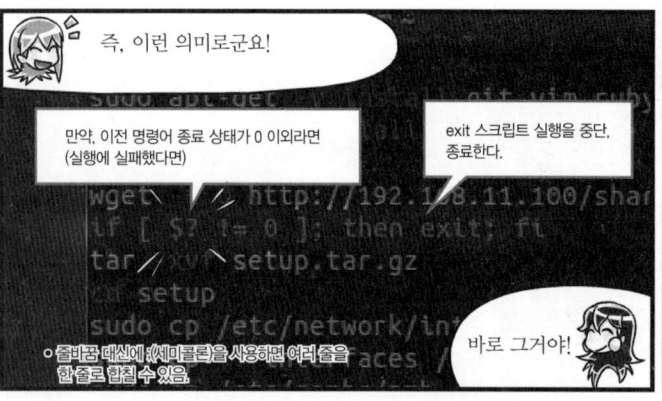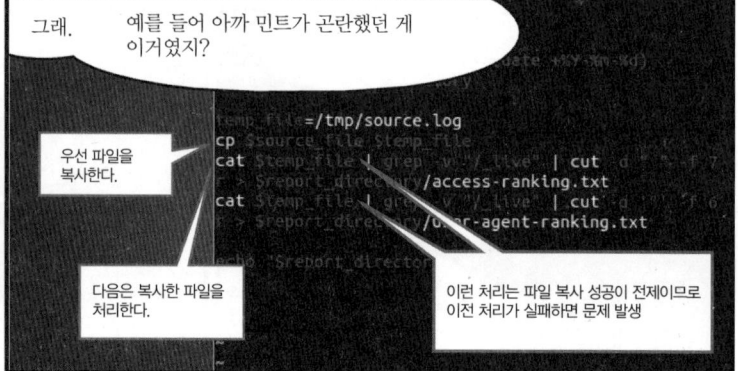

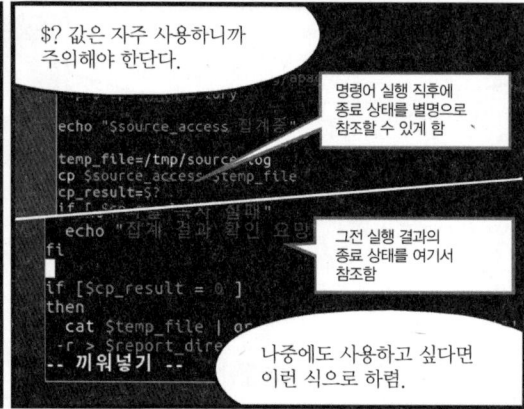

여담 ─ 종료 상태 범위   System Admin Girl★

종료 상태는 명령어에 따라 다양하다고 했는데 뭔가 정해진 의미가 있는 건가요?

음~ 숫자가 클수록 중대한 에러라던가 자릿수에 따라 의미가 있다던가 여러 가지가 있지만, 원래 명령어 동작 자체가 다양하니까 의미가 정해져 있는 건 0(정상 종료) 정도란다.

그럼 1000이나 10000은...

그런 건 없단다. 종료 상태는 0에서 255까지 범위가 정해져 있어.

그렇군요, 아쉽네요.
그렇다는 건 에러 종류는 1에서 255까지 255종류밖에 못 쓰겠네요.

그것만으로도 충분해...
도대체 얼마나 많은 에러를 만들려고 그래??

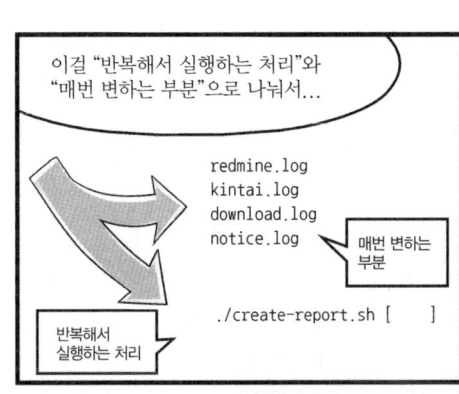

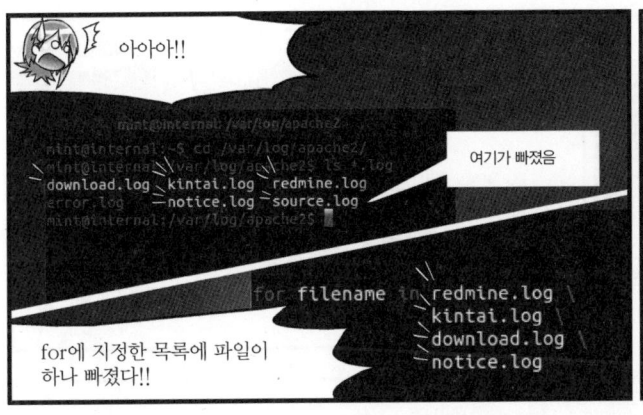

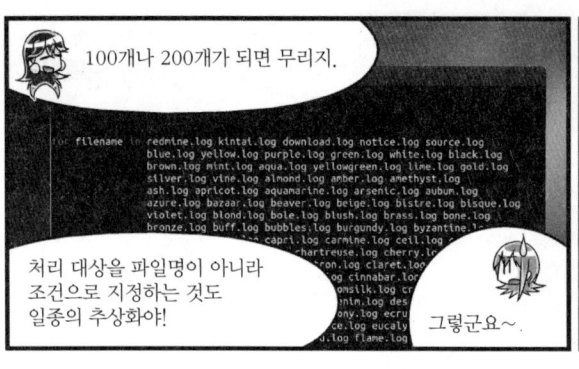

여담 for 반복문을 한 줄로 작성할 때 주의할 점   System Admin Girl★

 for 반복문은 셸 스크립트가 아니더라도 사용할 수 있나요?

물론이지! 줄바꿈 대신에 ;(세미콜론)을 쓰면 한 줄로 만들어서 일반 명령어처럼 실행 가능해.

 그렇다면!

```
for file in data log scripts; do; echo $file; done
```

아 그렇게 하면 안 돼! do는 다음 명령어를 그대로 이어서 적어야 한단다. 이런 식으로 말야.

```
for file in data log scripts; do echo $file; done
```

 그런가요...

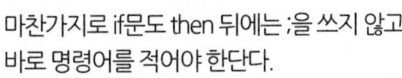
do 뒤에는 ;가 없음

마찬가지로 if문도 then 뒤에는 ;을 쓰지 않고 바로 명령어를 적어야 한단다.

```
if [ $1 = "" ]; then echo $1; fi
```

then 뒤에는 ; 쓰지 않음

 for xx do xx if xx then xx가 한 묶음이라고 생각하면 되겠네요.

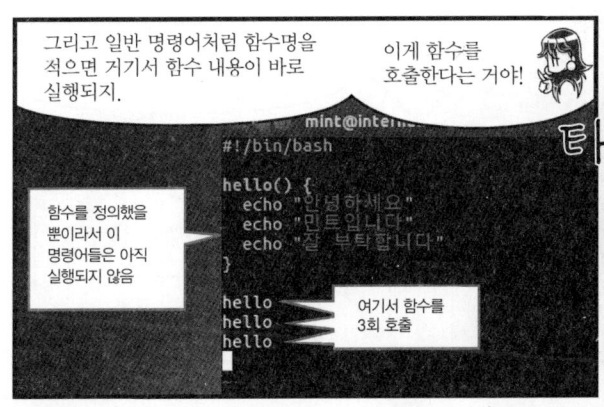
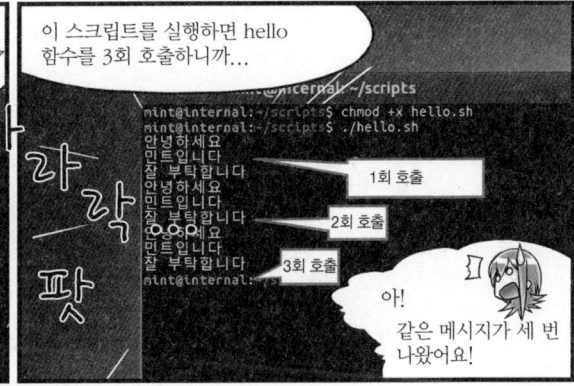

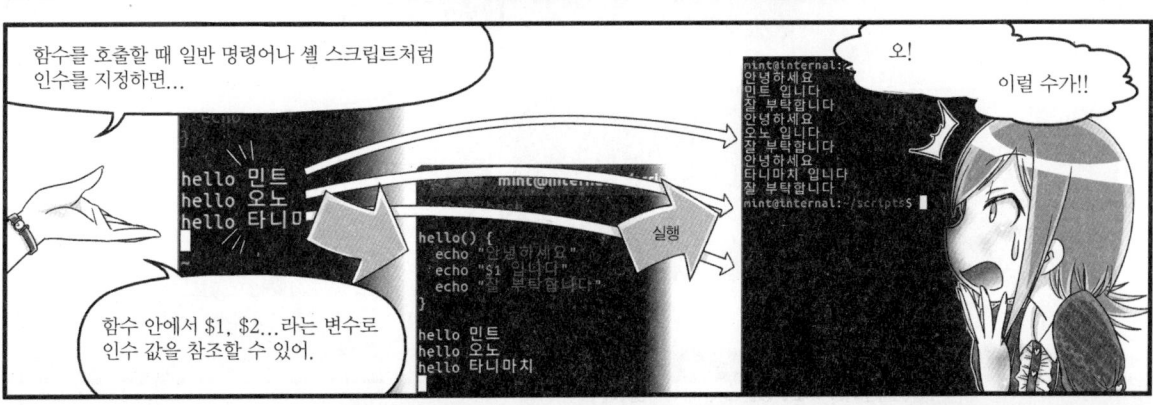
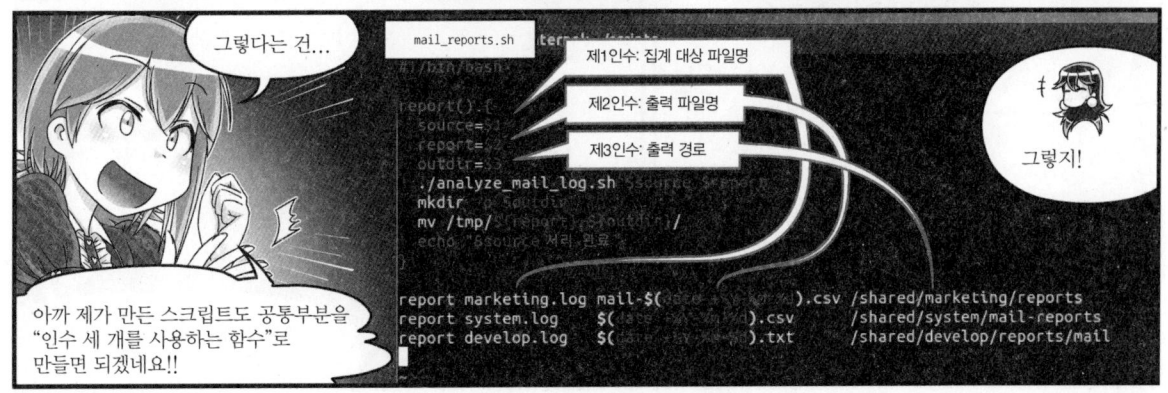

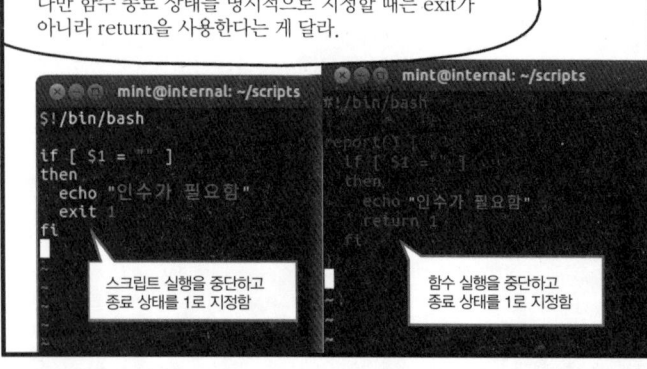

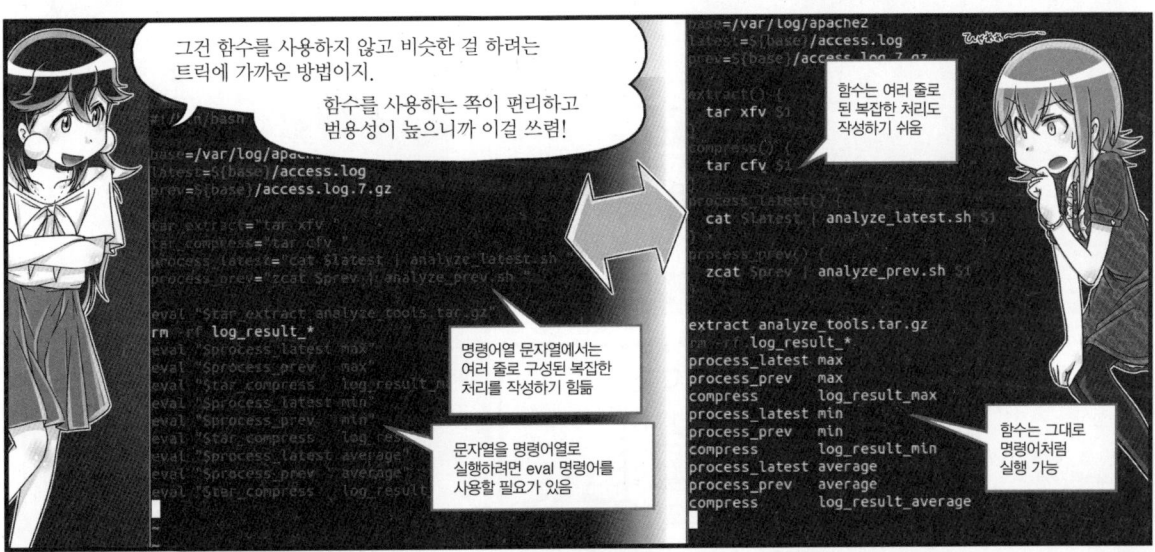

여담 셸 스크립트의 인수와 함수의 인수　　　　　　　　　System Admin Girl★

copy_files.sh
```bash
#!/bin/bash

do_copy() {
  cp /tmp/source $1
  ...
}
...
do_copy
...
```

실행 시 명령어열
```
$ ./copy_files.sh /tmp/target
cp: missing destination file operand after
`/tmp/source'
Try 'cp --help' for more information
```

인수로 복사할 곳을 지정했는데 에러가 발생했어요!

함수 안에서 $1이라고 하면 셸 스크립트의 인수가 아니라 함수의 인수를 참조한단다.

그런가요... 함수 안과 밖에서 $1 의미가 변하는 거군요.

셸 스크립트 자체의 인수를 함수 안에서 참조하려면 함수 밖에서 일단 다른 이름의 변수로 정의해둬야 한단다. 이런 식이야.

copy_files.sh
```bash
#!/bin/bash

target=$1

do_copy() {
  cp /tmp/source $target
  ...
}
...
do_copy
...
```

함수 밖에서 참조하고 있으므로 이건 셸 스크립트의 인수가 됨

저의 본업은 프로그래머이지만 명령어 조작의 CUI는 예전부터 무척 거북한 느낌이었습니다. 하지만 일을 하다 보니 웹서비스 개발이나 운영, 서버 조작때문에 필요해져서 할 수밖에 없다 보니 어느 틈엔가 조금씩 할 줄 아는 게 늘어나게 되었습니다.

본편에서 민트가 막히는 부분은 대다수가 저 자신이 막혔던 것들로 그런 의미에서 민트는 저의 분신이라고 할 수 있습니다. 성급한데다 이해력이 부족한 예전의 자신에게 어떻게 설명하면 잘 이해할 수 있을까?...라고 생각하면서 설명문만으로는 상상하기 어려운 다양한 상호 관계를 가능한 그림으로 쉽게 해석하려고 노력했습니다. 이전의 필자와 같은 고민을 안고 있는 분들에게 이 책이 이해하는 데 도움이 되면 좋겠습니다.

마지막까지 읽어 주셔서 감사합니다!!
Special Thanks 아내

찾아보기

기호

#!	107, 108, 110, 123, 142, 191
$#	162, 167
$(명령어열)	125, 127
${변수명} 또는 $변수명	115, 117, 118, 122
$1,$2 등등	155, 158, 183, 187, 191
.bash_history	62, 71
.bashrc	65, 70, 72
[	109, 162, 166, 167, 183
`명령어열`	125, 127
|	99, 116, 125, 134, 137, 142, 150
\	34, 180
〉	150
〉〉	150

B

bash	41, 62, 70, 82, 92, 94, 106,110, 115, 122, 126, 142, 158, 191
byobu	46, 51

C

case	157
cat	100, 116, 130, 135, 136, 150, 154
chmod	108, 110
cp	76, 78, 106, 116, 154,169, 171, 174, 191
CPU 사용률	84, 86, 89, 95
CPU 시간	83, 86, 85
CSV 파일	145, 151
cut	102, 132, 137, 146, 150, 151

D

dash	62
date	125, 130, 188
dirname	126, 130

E

echo	106, 134, 142, 150, 162,171, 173, 183, 186, 189
else	164, 166, 182
env	123
eval	117
exit	14, 48, 57, 73, 77, 109, 172, 174, 188

F

fg	41
for	178, 183, 186, 191

G

gksudo	20, 29
GNOME 단말	38, 46, 48, 56, 58, 62, 65, 71, 77, 115
grep	24, 26, 27, 49, 62, 83, 90, 92, 98, 103, 125, 130, 136, 174, 186
GUI 애플리케이션	20, 38, 41, 103
gzip	101, 131

H

head	102, 141, 143
HISTFILESIZE	70
HISTSIZE	70

I

if	109, 162, 167, 170, 183, 174, 182, 183
init.d	92

K

kill	85, 87, 92

L

less	97, 99, 115, 124, 133, 139, 150
load average	82, 86, 90, 94

M

mkdir	106, 116, 123, 189
mv	125, 130

N

Nautilus	13, 20, 21, 24, 26, 29

O

OOM Killer	93

R

return	188
rm	48, 61, 63, 82, 84, 106
root	19, 21, 92, 95
rsh	15

S

scp	76, 79, 82
screen	46, 51
service	92
sort	102, 138, 146, 155, 162
SSH 또는 ssh	12, 15, 24, 29, 46, 50, 54, 62, 65, 70, 73,76, 81, 84, 92
su	21
sudo	19, 21, 31, 47, 85, 87, 92, 108

T

tac	135
tail	101, 130, 141, 143
tar	99, 116, 158
tee	102
tmux	46, 51, 54, 58, 62, 65, 71, 82, 94, 99
top	82, 84, 92, 95

U

uniq	30
unzip	101

V

vi	30
vim	31, 35, 37, 46, 54, 62, 70, 82, 90, 107, 114, 124

W

wc	102

X X 전송	13	스왑아웃	91, 93
xzcat	101, 131	스왑인	91
Z zcat	100, 116, 130	실행 권한	108, 110
ㄱ 가로 분할	57	**ㅇ** 양크	40, 43, 56
가상 단말	46, 51, 58, 71	업로드	79
검색 모드	32	에러	108, 117, 122, 163, 169, 175, 180, 191
관리자	19, 94	오름차순	140
관리자 권한	18, 21	원격	12, 15, 111
권한	18, 108	이름표 모델	119
기동 스크립트	92	이상 종료	109, 169, 171, 174, 188
ㄴ 내림차순	140	인수	85, 107, 134, 154, 159, 161, 163, 164,165, 167, 174,177, 187, 189, 191
ㄷ 단순 정렬	148, 149	일괄치환	114
대소문자 구분 무시	27	일반 모드	32, 39, 42, 114
데스크톱 환경	13, 30, 38, 46	일시정지	41, 49
되돌리기	40	**ㅈ** 전방 검색	65, 69
되살리기(redo)	42, 49	접근권	18, 108
디스크 I/O	91, 94	접속 로그	98, 137, 177
ㄹ 로그 파일	97, 100, 113, 115,131, 138, 143, 169	정규 표현식	24, 27
로그아웃	14, 46, 48, 71, 110	정상 종료	171, 174, 175, 188
로그인	12, 19, 21, 46, 65, 71, 73, 76, 79, 81, 122	제어 구문 또는 제어문	182
리다이렉트	150	조건 분기	164, 166, 170, 182
ㅁ 멀티 코어	83	종료 상태	171, 174, 175, 188
메모리 부족	89, 94	**ㅊ** 추상화	158, 161, 166, 182, 185
명령어 이력	62, 67, 69, 73, 106, 177	치트 시트	35
명령어 치환	124, 125, 127, 130, 181, 188	치환 모드	32
명령줄 인수	154	**ㅋ** 커널	67
ㅂ 백그라운드	41	콘솔 애플리케이션	38, 48, 103
변수	114, 119, 122	**ㅌ** 탭 구분	151
복사&붙이기	38, 149	터미널	12, 14, 20, 24, 38, 110, 118
부정 조건	165, 171	텍스트 에디터	30, 124
ㅅ 삽입 모드	31, 37, 39, 42	**ㅍ** 파이프라인	99, 103, 106, 113, 125, 130, 133, 138, 140,150, 181
상자 모델	119	프로세스	49, 83, 87, 89, 92, 95, 110, 125
선택 모드	32	프로세스 ID	85, 87
세로 분할	56	**ㅎ** 함수 정의	186
셔뱅	107	함수 호출	187
셸	15, 46, 62, 67, 70, 73, 127	홈 디렉터리	76, 107, 122
셸 함수	186	환경 변수	122, 126, 158
속성	18	후방 검색	64, 66
숫자 정렬	148		
스왑	91		

MANGA DE WAKARU LINUX SHISUKAN KEI JYOSHI written by Piro, Nikkei Linux.
Copyright © 2015 by Piro, Nikkei Business Publications, Inc.,
All rights reserved.
Originally published in Japan by Nikkei Business Publications, Inc.
Korean translation rights arranged with Nikkei Business Publications, Inc.,
Tokyo through Botong Agency, Korea.

이 책의 한국어판 번역권은 Botong Agency를 통한 저작권자와의 독점 계약으로 (주)도서출판 길벗에 있습니다.
신 저작권법에 의하여 한국 내에서 보호를 받는 저작물이므로 무단전재와 무단복제를 금합니다.

만화로 배우는 리눅스 시스템 관리 1권

초판 발행 · 2016년 9월 5일
초판 4쇄 발행 · 2022년 1월 21일

지은이 · Piro
옮긴이 · 서수환
발행인 · 이종원
발행처 · (주)도서출판 길벗
출판사 등록일 · 1990년 12월 24일
주소 · 서울시 마포구 월드컵로 10길 56(서교동)
대표 전화 · 02)332-0931 | **팩스** · 02)323-0586
홈페이지 · www.gilbut.co.kr | **이메일** · gilbut@gilbut.co.kr

기획 및 책임편집 · 한동훈(monaca@gilbut.co.kr) | **디자인** · 배진웅 | **제작** · 이준호, 손일순, 이진혁
영업마케팅 · 임태호, 전선하, 지운집, 장봉석 | **영업관리** · 김명자 | **독자지원** · 송혜란, 정은주

교정교열 · 이미현 | **전산편집** · 박진희 | **출력 · 인쇄 · 제본** · 북토리

▶ 잘못된 책은 구입한 서점에서 바꿔 드립니다.
▶ 이 책에 실린 모든 내용, 디자인, 이미지, 편집 구성의 저작권은 (주)도서출판 길벗과 지은이에게 있습니다.
   허락 없이 복제하거나 다른 매체에 옮겨 실을 수 없습니다.

ISBN 979-11-87345-82-4 93560
(길벗 도서번호 006867)

정가 15,000원

독자의 1초를 아껴주는 정성 길벗출판사

(주)도서출판 길벗 | IT실용, IT전문서, IT/일반수험서, 경제경영, 취미실용, 인문교양(더퀘스트) www.gilbut.co.kr
길벗이지톡 | 어학단행본, 어학수험서 www.eztok.co.kr
길벗스쿨 | 국어학습, 수학학습, 어린이교양, 주니어 어학학습, 교과서 www.gilbutschool.co.kr

페이스북 · www.facebook.com/gbitbook